Christin Scheurer

Zieh mich an!

Christin Scheurer

Zieh mich an!

Ein konsumsoziologischer Beitrag zu digitalisierten Formen des Einkaufens

Mit einem Vorwort von Dr. Paul Eisewicht

Tectum Verlag

Christin Scheurer
Zieh mich an! Ein konsumsoziologischer Beitrag zu digitalisierten Formen des Einkaufens

ISBN 978-3-8288-4273-1
eBook 978-3-8288-7231-8

Printed in Germany

Informationen zum Verlagsprogramm finden Sie unter
www.tectum-verlag.de

Bibliografische Informationen der Deutschen Nationalbibliothek
Die Deutsche Nationalbibliothek verzeichnet diese Publikation in der Deutschen Nationalbibliografie; detaillierte bibliografische Angaben sind im Internet über http://dnb.ddb.de abrufbar.

Bibliographic information published by the Deutsche Nationalbibliothek
The Deutsche Nationalbibliothek lists this publication in the Deutsche Nationalbibliografie; detailed bibliographic data are available online at http://dnb.ddb.de.

Inhaltsverzeichnis

Über Konsum, Gesellschaft und sozialen Wandel – ein kurzes Geleitwort

von Paul Eisewicht

Es gilt heute als unbestritten, dass Konsum in unseren modernen Gesellschaften einen hohen Stellenwert einnimmt. Dies meint nicht nur den Umfang in dem wir alle möglichen durch andere Menschen bereitgestellten Dienstleistungen und Produkte tagtäglich konsumieren, sondern auch die Bedeutung des Konsums für Identitätskonstruktionen, Gruppenzugehörigkeiten und soziale Positionierungen im gesellschaftlichen Miteinander. Nicht zuletzt wird gegenwärtig in verschiedenen Disziplinen diskutiert, wieweit die Beschreibung unserer Gesellschaften als Konsumgesellschaften trägt (vgl. König 2000; Lamla 2013; Baudrillard 2014). Wenn im Zuge des demografischen Wandels, der Automatisierung von Produktionstätigkeiten und der Flexibilisierung und Fragmentierung von Arbeit diese an Bedeutung verliert, so die Argumentation, dann ist dass, was alle Menschen eint die Tatsache dass sie Konsumenten und Konsumentinnen sind.

Dabei hat sich der moderne Konsum bzw. die Art und Weise konsumtiver Bedürfnisbefriedigung und Wunscherfüllung ständig gewandelt. Entweder durch soziotechnische Inventionen und Innovationen, durch modische Trends, Retrophänomene, durch soziale Abgrenzungsbewegungen, kulturelle Hybridisierung etc. verändert sich nicht nur das, was Menschen kaufen und konsumieren, sondern auch was sie Begehren, wie sie sich informieren, wie sie einkaufen, Güter ge- und verbrauchen und schließlich entsorgen. Und damit haben sich immer auch die jeweils typischen Konsumorte gewandelt. Von den Einkaufspassagen zu Beginn des 19. Jahrhunderts (vgl. Benjamin 1982) über die großen Warenhäuser (vgl. Briesen 2001) bis hin zu den Shopping-Malls (vgl. Wehrheim 2007) handelt es sich schon immer auch um Orte, die mehr sind, als bloße Präsentations- und Lagerflächen für Produkte – es sind Orte die das Verhältnis der Menschen in einer Gesellschaft zu ihrem Konsum moderieren und spiegeln.

In diesem Sinne spiegelt sich in der Verbreitung des Online-Shopping (v.a. in Form der großen digitalen Verkaufsplattformen) insbesondere die Entfaltung von Globalisierungs- und Mediatisierungsprozessen in der gegenwärtigen Gesellschaft (zur Mediatisierungsdebatte vgl. Krotz et al. 2014 und 2017). Jederzeit von überall aus einer nahezu unüberschaubaren Produktvielfalt wählen zu können, mit wenigen Klicks den eigenen Bedürfnissen und Wünschen näher zu kommen – ohne hier zu viel vorwegzunehmen – eröffnet neue Möglichkeiten. Es birgt aber auch neue Risiken, Probleme und auch Frustrationspotential. Dass Konsum dergestalt Scheitern kann (vgl. Eisewicht 2015), dass er zumindest riskanter wird gerät in einer konsumtiv ausgerichteten und am positiven Erleben orientierten Gesellschaft zu einem nicht unbedeutenden individuellen und organisationalen Problem (was sich an der Etablierung organisationaler Sicherungsmechanismen, wie ausführliche Voransichten, Produktbewertungen und einfachen Rückgabemodalitäten zeigt). Entsprechend dieser Probleme lassen sich neue Geschäftsmodelle und Angebotsstrategien finden, mit diesen neuen Problemen infolge des Online-Shoppings umzugehen. Und mehr noch dem (irgendwie immer riskant bleibenden) Versprechen des Konsums, unsere Bedürfnisse zu stillen und unsere Wünsche zu erfüllen, besser zu entsprechen.

Und hier setzt die hier von Christin Scheurer vorgelegte Arbeit zum Curated Shopping als neue Form des Online-Shoppings an. Curated Shopping verspricht durch den Einsatz von Service-Personal und die dadurch moderierte Anbieter-Kunden-Beziehung, aus der unübersichtlichen Auswahl an prinzipiellen Konsummöglichkeiten eine bessere, weil übersichtliche Auswahl zu ermöglichen. Christin Scheurer zeichnet hier nach, was die Charakteristik dieses Angebots ausmacht, wie Curated Shopping auf Konsumprobleme reagiert und vor allem wie Menschen sich diesem Angebot gegenüber verhalten, wie sie es verstehen und wie sie es in ihrem konsumtiven Selbstverständnis verhandeln. Dabei rekonstruiert die Autorin detailliert welche verschiedenen Erwartungshaltungen Konsumentinnen und Konsumenten an derlei Angebote herantragen und wie verschiedene Einstellungen zum Produkt und an den Service gestellt und dieser letztlich bewertet wird. Die hier am empirischen Material hervorragend ausgearbeitete Typologie schärft das Verständnis für die Komplexität und

Vielfalt von digitalisierten Konsumhandelns. Damit demonstriert die Autorin insbesondere auch die Leistungsfähigkeit qualitativer Methodenzugänge bei der Erforschung hochaktueller Phänomene, deren Dauerhaftigkeit und Konsequenzen noch kaum abschätzbar sind – und sie zeigt auch wie ertragreich und notwendig es für die gegenwärtige Sozialforschung ist, diesen Entwicklungen nachzuspüren (vgl. zum Votum einer solchen trendsensiblen Forschung Grenz 2016). Es handelt sich nicht nur um eine Arbeit, die es sich lohnt zu lesen, weil es um ein relevantes und aktuelles Thema geht, sondern weil hier auch die Durchdringung des Themas und die Originalität der Ergebnisse bestechen. Hier liegt nicht nur die erste umfängliche Arbeit zur Konsumentenperspektive auf dieses noch recht neue Phänomen vor – sondern auch eine außerordentlich gut gearbeitete, einsichtsreiche, differenzierte und spannende Arbeit dazu, wie Menschen im konkreten Konsum zwischen einem „Habenwollen" (Ullrich 2006) und den alltagspraktischen Anforderung an ein „Auswählen-Müssen" (Hellmann 2010) vermitteln. Am Curated Shopping zeigt sich, dass die sozialen Transformationsprozesse durch die Etablierung digitaler Medien(formen) und daran entwickelter Angebotsstrategien keineswegs abgeschlossen sind und dass für ein tiefergehendes Verständnis dieses Wandels noch viel Forschungsarbeit zu leisten ist.

Es ist irgendwie typisch für die Modernisierung, dass sie Gesellschaften einen beständigen Wandel unterwirft, dass soziotechnische Neuerungen immerfort im Alltag der Menschen Einzug halten, dass diese willkommen geheißen und verdammt, bekämpft und verteidigt werden – also dass Menschen irgendwie mit moderner Gesellschaft zurechtkommen müssen. Moderne stellt den Menschen dergestalt vor beständig neue Probleme und Menschen entwickeln mithin beständig neue Strategien, um diese Probleme adäquat und angemessen bearbeiten und um irgendwie ihre Idee vom ‚guten Leben' zusammenzubasteln und verfolgen zu können. Dass Menschen in modernen Gesellschaften die Freiheiten haben, weitgehend emanzipiert(er) von traditionalen Gewissheiten und Zwängen, diese individualisierten Lebensentwürfe verfolgen zu können – dass sie es aber auch müssen, dass sie gleichsam zu dieser eigenverantwortlichen Freiheit verdammt sind – auch das ist bei aller alltäglicher Herausforderung durch das Leben in der Moderne eine ihrer Errungenschaften.

Hier liegt nun eine Arbeit vor, die eben diese großen gegenwartsdiagnostischen Themen anhand eines konkreten Phänomens beleuchtet. Eine Arbeit die an der Schnittstelle von Konsum-, Medien-,

Dienstleistungs- und Wirtschaftssoziologie steht und darüber hinausreicht. Ein Werk, das im besten Sinne wissenschaftlicher Arbeit nicht nur facettenreiche Einblicke gewährt und gut argumentierte Antworten gibt, sondern das auch vielversprechende Fragen aufwirft und eine Einladung zum Mit- und Weiterdenken ist. Hinsichtlich des Talents und der Fähigkeiten der Autorin freue ich mich auf die Antworten und Fragen die dazu oder zu anderen Themen noch von ihr kommen werden.

Literatur

Baudrillard, Jean (2014): Die Konsumgesellschaft. Wiesbaden:Springer VS.

Benjamin, Walter (1982): Das Passagen-Werk. Frankfurt a.M.: Suhrkamp.

Briesen, Detlef (2001): Warenhaus, Massenkonsum und Sozialmoral. Frankfurt a.M.: Campus.

Eisewicht, Paul (2015): Failing Consumption. In: Ryan, J. Michael/Cook, Daniel Thomas (Hrsg.): The Wiley-Blackwell Encyclopedia of Consumption and Consumer Studies. Hoboken: Wiley-Blackwell. S. 279.

Grenz, Tilo (2016): Für eine gegenwartsdiagnostisch orientierte Ethnographie. In: Hitzler, Ronald/Kreher, Simone/Poferl, Angelika/Schröer, Norbert (Hrsg.): Old School – New School. Zur Frage der Optimierung ethnographischer Datengenerierung. Essen: Oldib, S. 81-95.

Hellmann, Kai-Uwe (2010): Konsumsoziologie. In: Kneer, Georg/Schroer, Markus (Hrsg.): Handbuch Spezielle Soziologien. Wiesbaden: Springer VS. S. 179-195.

König, Wolfgang (2000): Geschichte der Konsumgesellschaft. Stuttgart: Franz Steiner.

Krotz, Friedrich/Despotovic, Cathrin/Kruse, Merle-Marie (Hrsg.) (2014): Die Mediatisierung sozialer Welten. Wiesbaden: Springer VS.

Krotz, Friedrich/Despotovic, Cathrin/Kruse, Merle (Hrsg.) (2017): Mediatisierung als Metaprozess. Wiesbaden: Springer VS.

Lamla, Jörn (2013): Verbraucherdemokratie. Frankfurt a.M.: Suhrkamp.

Ullrich, Wolfgang (2006): Habenwollen. Wie funktioniert die Konsumkultur? Frankfurt a.M.: S. Fischer.

Wehrheim, Jan (Hrsg.) (2007): Shopping Malls. Wiesbaden: Springer VS.

1 Einleitung – Die geheimnisvolle Box

„Es klingelt an der Tür. Wir sind bei Sophia Zuhause. Sie macht die Tür auf und geht nur kopfschüttelnd und schimpfend den Weg zurück zu mir ins Wohnzimmer. Es war der Postbote. Sie schmeißt ein kleines schwarzes Päckchen mit weißen Punkten in die Ecke: „Jetzt hat die [ihre Mitbewohnerin] das Ding immer noch nicht abbestellt." meckert Sophia „Das muss man sich mal vorstellen: Es kommt ein Paket, in diesem Paket ist ein Karton, wenn du den aufmachst ist da Papier, und darin ist eingepackter Müll – eigentlich ist es eine Kiste, in der Kiste mit Papier, in der Müll mit Müll ist – man bekommt vom Postboten einfach nur Müll und dafür bezahlt man auch noch und bekommt jeden Monat seine Ration".

Die Rede ist hier keineswegs von einem Abfalltransport von A nach B sondern von der sog. ‚Glossybox'. Ich verstehe erst gar nicht genau was das sein soll. Also schaue ich es mir genauer an und bestelle das Ding auch – denn es macht mich schon neugierig, was in der hübschen Box ist. Aufgeregt warte ich auf den Tag an dem das ansehnliche Paket mit den weißen Punkten endlich zu mir findet. Nachdem mir der Postbote schon augenrollend und mit dem Kommentar: „Ach, dann noch so eine" das Paket übergibt, öffne ich es sogleich. Darin finde ich tatsächlich eine kleine rosa Pappschachtel mit der Aufschrift „Glossybox". Schnell hebe ich den Deckel ab, während mir der bekannte Duft einer Douglas Parfümerie entgegenkommt, erblicke ich hübsches Seidenpapier umwickelt von einer Schleife, das auf den ersten Blick weniger nach Müll aussieht. Da gibt sich offensichtlich jemand richtig Mühe. Als ich schließlich das Seidenpapier öffne, finde ich darin zuerst ein kleines Heftchen – das „Glossy Magazin", darin beschrieben, findet man die mitgeschickten kleinen Produkte, die (angeblich) individuell zum eigens ausgefüllten Profil der Homepage zusammengestellt wurden, die ich dann tatsächlich, aber in viel kleineren

Versionen in der Box finde. Natürlich auch nicht alle beschriebenen Produkte und ob sie auch wirklich auf mich abgestimmt wurden? Ich denke mir nun doch ein wenig ironisch – so unrecht hatte Sophia da mit ihrer Beschreibung gar nicht und verstehe nun den Postboten umso mehr" (Eintrag aus dem Forschungstagebuch 2017).

Allerdings kommt mir diese Box gar nicht so unbekannt oder untypisch vor. Zu diesen Angeboten gibt es seit Jahren eine steigende Nachfrage. Die Box der oben genannten Marke gibt es seit 2011 (Glossybox 2018). Seitdem verändern sich stetig die Angebote oder Inhalte der Boxen. Ob es zusammengestellte Pakete für Kosmetika (Instylebox, barbarabox) sind, Nahrungsmittel (hellofresh, foodist etc.) oder Kleidung (Outfittery, sugarshape) – Es geht immer um eine (mal mehr oder weniger) kuratierte Box. Sie haben aufregende Namen, sind wunderschön verpackt, im Abo erhältlich und lassen die Herzen beim Auspacken höher schlagen.

Wenn man sich die Glossybox ganz oberflächlich anschaut, ist sie auf den ersten Blick nichts was man (im klassischen Sinne) braucht. Der instrumentelle Wert ist erstmal nicht ersichtlich. Weder erachten wir unser Leben als sinnlos ohne die kleinen Duschgelpröbchen, die monatlich zugeschickt werden, noch werden wir alle uns nicht mehr riechen können, weil nichts zum Waschen in der Dusche steht – Müll ist es aber dennoch nicht. Die klassische Verwendung des Wortes ‚Müll' bezieht sich eher auf etwas was entsorgt wird, etwas was man nicht mehr braucht oder will und als sinnlos oder verbraucht erachtet wird. Und erst recht nicht etwas wofür wir Geld zahlen und schon gar nicht etwas was in rosa Schachteln mit Schleifchen verpackt wird. Wenn meine Freundin Sophia von ‚Müll' redet, um die Box zu beschreiben, ist es vielleicht zu überspitzt, dennoch ist verständlich was sie meint. Warum soll man für etwas zahlen, was man nicht braucht und auch noch Aufwand für das Entsorgen macht? Also was ist es, was daran als interessant erachtet wird? Warum steigt die Nachfrage seit Jahren? Wer sind diese Menschen, die es interessant finden?

‚Konsum' dient nicht mehr einfach nur der Bedarfsdeckung. Es gibt zahlreiche Modelle und Erklärungsversuche wie er zu deuten ist. Ob die Maslow'sche Bedürfnispyramide, in der Primär- und Sekundärbedürfnisse voneinander getrennt werden oder Simmel, der in seinem Beitrag ‚Über die Mode' erklärt, dass es immer um die Annäherung an die obere Schicht geht – es ist ein Phänomen, das es gibt seit Unterschiede zwischen Menschen wichtig geworden sind. Mit Simmel gesprochen: Wir brauchen Dinge um uns selbst zu definieren. Im

Rahmen unserer Konsumgesellschaft geschieht dies nun mal (auch) durch das Konsumieren.

Dabei verändert sich das Konsumieren stetig. Nicht zuletzt auch durch die zunehmende Digitalisierung – alles wird global und scheinbar grenzenlos. Es geht längst nicht mehr darum (Primär-)Bedürfnisse des Körpers zu stillen, wie Hunger oder Durst sondern auch um Konsum als Hobby, was z.B. das Sammeln von Büchern beinhalten kann oder aber auch schlicht um Wünsche bspw. die eine bestimmte Jacke zu besitzen, um Zugehörigkeit auszudrücken. In der heutigen Zeit können wir dabei alles zu jeder Zeit besorgen, bestellen, kaufen und auch wieder zurückgeben. Konsum erfüllt viele Zwecke von ganz unterschiedlicher Art mit unterschiedlichen Motiven. Die Digitalisierung macht aber nicht nur alles schneller sondern macht auch neue Modelle des Einkaufens erst möglich. Dabei lassen sich verschiedene Beispiele nennen, die sich in den letzten Jahren zunehmend entwickelt haben. Es gibt personalisierte Kosmetiklinien für die individuell unterschiedliche Haut, ein eigenes Zusammenstellen von Sneakerelementen für die eigenen Vorstellungen. Neue Formate im Fernsehen machen den Zuschauer zum Zeugen wenn Daniela Katzenberger auf der Suche nach ihrem eigenen Stil ist und auch die Box meiner Freundin Sophia ist auf einmal lukrativ. Man erkennt, dass personalisierte und individuelle Produkte zunehmend in den Vordergrund rücken – mit unterschiedlichen Ausprägungen von der Glossybox, mit Produkten, die wenig personalisiert sind, bis hin zu Boxen, die auf die eigene Größe, eigene Präferenzen und Farben zugeschnitten sind. In allen Fällen handelt es sich dabei um ‚Curated Shopping', d.h. „[...] ein Geschäftsmodell [.], bei dem der Händler oder eine Handelsplattform eine Vorauswahl an Produkten trifft, um diese dem potenziellen Kunden zu präsentieren" (Gyllensvärd/Kaufmann 2013: 188).

Mit den vorliegenden Seiten werde ich versuchen dem Phänomen der vorangegangenen Zeilen auf den Grund zu gehen. Was ist der Kern des Phänomens und weshalb ist es etwas Neues? Warum reicht es nicht mehr, das zu tragen was einem gefällt? Was sind die Gründe genau das nicht zu tun? Dabei werden im Folgenden die Fragen spezifischer ausbuchstabiert und davon ausgehend wurden die vorliegenden Seiten geschrieben.

Im ersten Kapitel wird die gängige Forschung zum Thema Konsum zusammengetragen. Beginnend mit der Einführung (2.) wie sich Konsum gewandelt hat im Laufe der Zeit, d.h. durch die Moderne (2.1.) über die Entgrenzungstendenzen die mit ihr einhergehen (2.2.)

bis zum Zeitalter der Digitalisierung (2.3.). Erklärt wird in diesem Teil warum online Shopping nicht gleich shopping Online (Vgl. Eisewicht 2017) ist und auf den Erkenntnissen aufbauend das Modell des Curated Shopping erklärt (2.4.). Sodann stehen die Fragestellungen dieser Arbeit (2.6) im Fokus. Kapitel drei widmet sich schließlich der Datenerhebung und Aufbereitung (3.1. und 3.2.) sowie methodologischen Fragen (3.3. und 3.4.) wobei reflektiert wird aus welcher Sichtweise geschrieben wurde und wie die eingesetzten Methoden zu rechtfertigen sind. Anschließend wird das Forschungsprogramm der Grounded Theory Methodology erläutert (3.5.). Kapitel vier stellt den Hauptteil der Arbeit dar. Der erste Teil befasst sich mit einer kurzen Reflektion, wie die Forschung betrieben wurde und wie sie nun aufgeschrieben wird (4.1.) und beantwortet die Forschungsfragen. Nach einer kleinen Zusammenfassung der Ergebnisse (4.3.) wird in Kapitel fünf in die theoretische Einbettung übergegangen. Hierbei werden die Ergebnisse wieder in den Forschungsstand eingebettet und weiter detailliert in die Abstimmungsprobleme in der Dienstleistungsarbeit nach Weihrich und Dunkel eingegliedert und reflektiert. In Kapitel sechs werden die Forschung als auch die Methode überdacht bis es dann zum Ausblick übergeht (6.2.). Dabei wird überlegt inwiefern die Ergebnisse weitergeführt werden können. Anschließend findet man in Kapitel sieben die verwendete Literatur.

Aus Gründen der leichteren Lesbarkeit wird in der vorliegenden Arbeit die gewohnte männliche Sprachform als auch die gewohnte weibliche Sprachform bei personenbezogenen Substantiven und Pronomen verwendet. Dies impliziert jedoch keine Benachteiligung des männlichen oder weiblichen Geschlechts, sondern soll im Sinne der sprachlichen Vereinfachung als geschlechtsneutral zu verstehen sein.

2 Wie weit sind wir? – Forschungsstand

2.1 Zwischen Verkaufsgespräch und Onlinemaske – Konsum im Wandel der Zeit

Im Jahr 2017 stieg die Zahl der Internetnutzer in Deutschland nach Angaben der ARD/ZDF-Onlinestudie auf 62,4 Millionen (Koch/ Frees 2017: 434). Das heißt 70 Prozent der Einwohner[1] nutzen meist täglich das Internet. Im Zuge der Verbreitung und Verbesserung von Internetzugängen hat sich auch das Online Shopping als Alternative zum Einkauf ‚vor Ort' verbreitet. Im Jahr 2016 haben 67,6 Prozent der Bevölkerung in Deutschland online eingekauft (Statista 2016b: 32). Mit steigenden Zahlen von Online-Käufern ist auch der Umsatz im Online-Handel stetig gestiegen: für 2015 verzeichnen Marktforschungsinstitute einen Business to Consumer (B2C)-E-Commerce-Umsatz von 39,8 Mrd. Euro (vgl. BEVH/GiM 2017: 11 ff.). Die Tendenz in diesem Bereich wird steigend kalkuliert: von 50 Prozent im Jahr 2016 auf prognostizierte 54,4 Prozent im Jahr 2022 (Statista 2018).

Die Zahlen der Handelsverbände mögen etwas auseinandergehen, doch der Tenor der Studien ist, dass der Onlinehandel weiterhin wächst (Vgl. BEVH/GiM 2017: 31; Statista 2017a). Die beliebtesten Warengruppen sind Bekleidung, Elektronikartikel und Bücher (BEVH/GiM 2017: 24). Zu den größten und beliebtesten Anbietern zählen dabei Online-Marktplätze wie Ebay und Amazon, Versandhändler wie Otto und Spartenhändler wie Zalando (Vgl. BEVH/GiM 2017: 13).

1 Deutschsprachige Einwohner ab 14 Jahren.

Konsumsoziologisch betrachtet ist es geradezu typisch für die (gegenwärtige) Moderne[2], dass ein Wandel vom Selbstverbraucher hin zum Konsumenten erfolgt ist. Eingebettet ist diese Entwicklung in einen Prozess bei dem wirtschaftlich komplexere Strukturen sowie höhere wechselseitige Abhängigkeiten durch das Prinzip der Arbeitsteilung entstehen (Vgl. Eisewicht 2015: 14). Um die eigenen Aufgaben in der komplexen Gesellschaft erfüllen zu können ist der Konsument von jenen abhängig, die für ihn Güter und Dienstleistungen bereitstellen (Vgl. ebd.). Der Konsument verändert sich sogar noch weiter indem er nicht nur seinen Bedarf decken will, sondern darüber hinaus auch einen an *individuellen Motiven* ausgerichteten Konsum anstrebt [3] (Vgl. ebd: 17).

Der klassische Ablauf des Konsumprozesses nach Günter Wiswede (2000) verläuft für den Konsumenten von der Entscheidung bis hin zur Entsorgung eines Produkts (Vgl. Abb. 1). Er (ebd.: 24) gestaltet sich dabei typischerweise wie folgt: Das Identifizieren eines Bedürfnisses steht am Anfang (Was will ich?) Daran schließt sich die Information über ein Produkt an (Was gibt es?) bis zur Entscheidung (Das will ich!) und zum Erwerb eines Produktes (Das nehm´ ich!), dass es dann genutzt werden kann (Was mach ich damit?) bis wir es schließlich irgendwann entsorgen (Wohin damit?). Mit der Entwicklung und der Veränderung durch und zum Online-Konsum verändern sich die Abläufe des Prozesses.

Abbildung 1 Konsumprozess (in Anlehnung an Wiswede 2000: 24)

2 Paul Eisewicht formuliert es dabei ganz richtig, wenn er darauf rekurriert, dass es unzählige Versuche gibt die gegenwärtige Gesellschaft auf einen Punkt zu bringen. Ob sie nun Risiko-, Erlebnisgesellschaft oder flüchtige Moderne genannt wird – ihnen ist gemeinsam, dass es zumindest eine „Moderne" ist (Eisewicht: 2015: 11). Diese Moderne ist eine Zeit, die sich vom Mittelalter und der Antike insofern unterscheidet, als dass sie sich in einem langen Prozess religiös, wirtschaftlich sowie politisch emanzipiert und vor allem ausdifferenziert (bis in die Gegenwart).

3 In der Literatur vielseitig betitelt als u.a. romantischer (Illouz 2003), demonstrativer (Veblen 1899) oder postmaterialistischer (Inglehardt 1977) Konsum.

Mit der Entwicklung, Verbreitung und Aneignung von mobilen Apparaten – ob Smartphone[4], Tablet oder Notebook, die Menschen nahezu überall und jederzeit den Zugang zu Online-Diensten ermöglichen – hat sich zunehmend eine „digitale Alltagsökonomie" (Lamla 2007) ausgebreitet. Diese hat einen umfassenden Wandel der Art und Weise wie wir konsumieren zur Folge und demnach bilden sich auch eine Reihe von (neuen[5]) Risikoherden während des Konsumprozesses (Eisewicht 2015: 29).

Aufgrund der bisher wenig erforschten aber stetig wachsenden Bedeutung digitaler Märkte (Vgl. Kirchner/Beyer 2016: 325), wird an dieser Stelle für die Einordnung der Bedeutung des Online Shoppings und den daraus abgeleiteten Anpassungsdruck auf Konsumenten ein breit gefächertes Spektrum von Forschungsarbeiten einbezogen. Verhandelt wird der medientechnisch zumindest beförderte soziale Wandel in den Sozialwissenschaften unter den Begriffen der „Digitalisierung" (Vgl. Kirchner 2015), der „Mediatisierung" (Vgl. Grenz 2017) der „Virtualisierung" (Vgl. Brill/Vries 1998) und der „Informatisierung" (Vgl. Boes et al. 2006). Übereinstimmend wird in diesen Arbeiten die These vertreten, dass der medientechnische Wandel eingebettet ist, in gesellschaftliche Transformationsprozesse, und dass die Aneignung und Nutzung von Medientechniken diese gesellschaftlichen Transformationen befördern und gestalten. Die Digitalisierung der Alltagswelt ist gleichsam getrieben von gesellschaftlichen Tendenzen und treibt eben jene auch voran, die kennzeichnend sind für eine seit der zweiten Hälfte des letzten Jahrhunderts einsetzende „reflexive" (Beck et al. 1996) Moderne. Die Möglichkeit des Online-Shoppings wird in dieser Perspektive als Vervielfältigung von Handlungsoptionen verstanden, welche das Repertoire der konsumtiven, distinkten und individuellen Ausgestaltung – jenseits von standes- und klassenspezifischen Praktiken[6] (Vgl. Beck 1994) – der eigenen Persönlichkeit maßgeblich erweitern (können) (Vgl. Belk 1988: 2013).

Belk schließt an Helmut Plessners (2003) These zur exzentrischen Positionalität an. Als exzentrisch positionierte Wesen sind Menschen

4 Wobei dem Smartphone immer mehr Bedeutung zukommt beim Online bzw. sog. Mobile Shopping (Vgl. bitkom research 2016).

5 Meint, dass es auch schon vor dem Aufkommen des Internets Risikoherde im Konsumprozess gibt, dieser in der Arbeit jedoch nicht behandelt werden.

6 Neuere Positionen rekurrieren dabei gerade darauf, dass kuratieren auf der Suche nach dem ‚guten Leben' wieder klassenspezifisch gedacht wird, da es als Praxis der neuen Mittelklasse verstanden wird, die sich grade mit diesen Praktiken horizontal als auch vertikal distinguiert (Reckwitz 2017).

demnach – im Gegensatz zu Tieren – in der Lage den eigenen Körper als etwas Objekthaftes wahrzunehmen. Es ist ihnen dadurch erst möglich, sich zu sich selbst zu verhalten. Dadurch wird es möglich sich selbst als Persönlichkeit zu gestalten und zu bestimmen wer wir, gerade im Unterschied zu anderen auch sein wollen. Unverkennbar ist dabei die Parallele zur Individualisierungsthese Becks. So streben wir nach einem individuellen, zufriedenen Leben oder werden zumindest durch gesellschaftliche Individualisierungstendenzen in diese Richtung manövriert. Dabei tritt der Konsum als Ausdruck von Identität hervor[7]. Nicht zuletzt dient hier v.a. der Konsum von Mode als ein Kommunikationsangebot zur Persönlichkeitsrepräsentation. Doch konsumieren in der Offline Welt stellt etwas anderes dar als in einem medialen vermittelten Raum. Im Rahmen dieser Entwicklung und der Unterschiede lassen sich verschiedene Arten der Entgrenzung feststellen.

2.2 Entgrenzungstendenzen beim Online-Shopping

In der Diskussion um die Popularität des Online-Shoppings für Konsumenten werden drei medientechnisch gestützte Entgrenzungstendenzen veranschlagt (Vgl. Beck 2006; Eisewicht 2015a: 53 ff..):

- *Räumliche Entgrenzung* meint, dass durch die Verbreitung digitaler Infrastrukturen werden räumliche Entfernungen im virtuellen Raum tendenziell nivelliert (vgl. Rosa 2005: 164). Konsumgüter können damit ortsungebunden angeboten und von Konsumenten prinzipiell weltweit gefunden werden (Stichwort „Delokalisierung" Vgl. Kirchner/Beyer 2016: 329).
- *Zeitliche Entgrenzung* bezieht sich auf darauf, dass Nachrichten und Bestellungen jederzeit versandt werden können und unabhängig von Ladenöffnungs- und Servicezeiten sind (Vgl. Rosa 2005).
- *Soziale Entgrenzung* findet statt, wenn Online-Kommunikation vorrangig textbasiert abläuft und losgelöst ist von körperlichen und mündlichen Informationsträgern (Vgl. Quiring/Schweiger 2006: 16). Damit werden zumindest teilweise soziale Unterschiede im Austausch miteinander maskiert und eine partielle Anonymität ge-

7 Beck spricht dabei auch von Kulturkapitalismus.

währleistet (Vgl. Rosenberg 2004: 612 ff.). Soziale und emotionale Hemmschwellen online einzukaufen sind dadurch gesenkt.[8]

Der leichte Zugang zu Anbieter- und Produktinformationen über Vergleichsseiten und Suchmaschinen ermöglicht Konsumenten wie Anbietern einen umfänglichen Marktüberblick und damit die Möglichkeit potentiell ‚bessere' Entscheidungen zu treffen (Vgl. Mellet et al. 2014). Angesichts der massiven Veränderungen, die der Online-Handel mit sich bringt, stellt sich somit die Frage, welche Veränderungen und Typiken damit im Konsumhandeln beobachtbar werden. Aus der Forschungsliteratur lassen sich folgende *vier* Transformationen identifizieren.

Erstens wandelt sich die bislang als Triade darstellbare Service-Konstellation zu einer Dyade. Im klassischen stationären Einzelhandel hat der Kunde eine mehr oder minder persönliche Beziehung zum Anbieter wobei hier von einer triadischen Beziehung zwischen Kunde, Service-Personal und Anbieterorganisation gesprochen wird (vgl. Gutek et al. 2000: 321). Dies hat den Vorteil, dass Probleme seitens der Kunden durch Mitarbeiter bearbeitet, und die Anliegen in organisationale Regelabläufe (wie Beratung, Kauf, Reklamation) übersetzt werden (Vgl. ebd.). Beim Online Shopping treten an die Stelle vermittelnder Service-Mitarbeiter durch Sales- und Service-Automation standardisierte und formalisierte Kommunikationsformen wie zum Beispiel Webformulare und Verlinkungen, die weitere Produktinformationen preisgeben. Dieses kundenzentrierte Design der Benutzerschnittstellen, der Aufbau und die Benutzerfreundlichkeit der Webshop-Interfaces sind maßgeblich für die Konsumentscheidung und -erfahrung (Beyer/Holtzblatt 1997). Durch die Ersetzung von beratenden Service-Mitarbeitern durch automatisierte und standardisierte Abläufe, verkürzt sich die Shopping-Konstellation auf eine Service-Dyade. Der Konsument ist der Anbieterorganisation nur über elektronische Kommunikationsgelegenheiten gegenübergestellt, ohne dass eine persönliche (face-to-face oder zumindest verbale) Kommunikation ermöglicht wird.

Zweites werden Verantwortlichkeiten, die ehemals dem Produzenten, bzw. dem Anbieter oblagen neuerdings auf den Konsumenten verlagert. Angefangen beim ersten Schritt des Konsumprozesses, der

8 Mitunter kann man auch darauf rekurrieren, dass elektronisch übermittelte Kommunikation nicht per se sozial ist. Davon wird in dieser Arbeit aber nicht ausgegangen.

Informationsgewinnung (statt Beratung durch Personal), der Zusammenstellung eines Angebots durch Warenkörbe über die selbstständige Abwicklung der Bezahlung bis hin zur Selbstabholung von Produkten. Ausgehend von Jean Fourastiés (1954) Abhandlung zur Entstehung der Dienstleistungsgesellschaft begleitet diese Diagnose der zunehmenden Eigenarbeit des Konsumenten die Dienstleistungs- und Konsumsoziologie bis heute (Ritzer 1996). Der Konsument wird dabei durch seine Selbstverantwortlichkeit und Mitarbeit u.a. als „Prosumer" (vgl. Blättel-Mink/Hellmann 2010) bezeichnet.

Damit einher geht *drittens*, die Fokussierung des Warenangebots, welches an der Mitarbeit der Kunden orientiert ist. Dies meint, dass sich unter Nutzung der medientechnischen Möglichkeiten einer interfacebasierten, kundenzentrierten Produktpräsentation im Online-Handel v.a. ein Modell verbreitet hat: das der Verkaufsplattformen und der digitalen Warenhäuser (vgl. Kirchner/Beyer 2016). Diese streben hinsichtlich spezifischer Produktgruppen mittels breiter Angebots- und aggressiver Preis- und Marktpolitik (vgl. Stone 1995: 2) eine nahezu monopolistische Stellung an (wie sie z.B. Amazon für Bücher und Zalando für Schuhe innehat). Aufgrund des breiten Produktangebots und des dominanzorientierten Geschäftsverhaltens werden solche Anbieter auch als „Category Killer" (vgl. Spector 2005) bezeichnet. Ökonomisch profitabel sind solche Angebotsstrategien durch die Ausnutzung des ökonomischen Potentials des sogenannten „Long Tails"[9] (Anderson 2010).

Viertens werden durch Entgrenzungstendenzen Dynamiken bei Produktzyklen beschleunigt und das Anbieter- und Konsumentenhandeln zunehmend verflochten. Durch Möglichkeiten, Produkte überall auf der Welt einzukaufen, wie auch durch die Verbesserung automatisierter Produktion werden neue Produkte in immer kürzeren Abständen veröffentlicht. Durch die schnellere Verbreitung verlieren diese potentiell schneller an Neuigkeits- und Distinktionswert, wodurch wiederum schneller neue Produkte von Konsumenten ge-

9 Die Annahme des Long Tail ist, dass der summierte Umsatz vieler, aber wenig populärer (Nischen-)Produkte größer ist als der Umsatz, der mit den wenigen Bestsellern erzielt werden kann. Ein Anbieter, so das Argument, der prinzipiell jedes mögliche Produkt anbieten kann, wird nicht nur über die Summe der wenig verkauften Produkte profitabel. Profitabilität wird auch dadurch erreicht, dass bei Konsumenten die Erwartung gebildet wird, ein entsprechender Anbieter hätte auch tatsächlich jedes denkbare Produkt, wodurch Konsumenten dann jedes (auch populärere) Produkt zunächst bei diesem Anbieter suchen und ggf. erwerben (vgl. Gyllensvard/Kaufmann 2013: 189).

sucht und erwartet werden (vgl. Jürgens et al. 2003: 415). Verkaufsplattformen und Online-Warenhäuser reagieren mit ihrem Angebot stetig und kurzfristig auf diese beschleunigten Marktdynamiken und sich wandelnde Konsumentenerwartungen. Dabei gewinnt auch das Konsumentenhandeln an Bedeutung für die Orientierung unternehmerischen Handelns durch bspw. bessere Möglichkeit zur Artikulation und Einflussnahme auf Anbieter (Vgl. Eisewicht 2015: 257 ff..).

Zusammenfassend lässt sich festhalten, dass sich durch a) die Etablierung der durch Website- Oberfläche vermittelten, standardisierten Service-Dyade, die b) damit verbundene Auslagerung von Arbeitsschritten an den Konsumenten und das c) über Verkaufsplattformen aggregierte umfassende Marktangebot (unter ökonomischer Nutzung des Long Tail), ein dominantes Modell des Handels und Einkaufens online verfestigt, welches d) die wechselseitigen Verflechtungen zwischen Anbietern und Konsumenten intensiviert und beschleunigt.

Allerdings werden die handlungstheoretisch gedachten subjektiven Handlungsentwürfe sowie deren Vollzüge in Bezug auf das Onlineverhalten bisher wenig differenziert und unzureichend betrachtet. Dabei stellt das immer größer werdende Produktangebot, welches die Handlungsoptionen der Menschen, wie beschrieben, zunehmend enorm vervielfältigt, ein Problem dar und wird als sog. „Multioptionalität" attestiert (Gross 1994).

2.3 Online-Shopping – Problemlösungsspirale?

In der bisherigen Forschung zu Online Handel steht typischerweise die Angebotsstruktur im Fokus. Der vorherig beschriebene Wandel im Konsumverhalten sowie die (Handlungs-) Probleme, die durch die Verantwortungsverlagerung auf den Kunden, entstehen, werden allerdings vernachlässigt. Aufgrund der unzureichenden Datengrundlage, liefern lediglich Studien der Handelsverbände und Marktforschungsinstitute Hinweise darauf, dass sich vor allem das Informationsverhalten von Konsumenten beim Einkaufen online maßgeblich verändert. Ausschlaggebend für das kundenseitige Informieren beim Onlineeinkauf sind insbesondere die Erfahrungen anderer Kunden, die online als Kundenrezensionen, Berichte und Ratschläge auf den entsprechenden Verkaufsplattformen, aber auch in YouTube Videos, auf Blogs und in sozialen Netzwerken leicht teil- und auffindbar sind (Vgl. Kucuk 2008). Der kundenseitigen Empfehlung wird dabei mehr Authentizität und eine höhere Relevanz für die Konsumentenentscheidung zugeschrieben als den anbieterseitigen Werbebotschaften (Vgl. Reichelt

2013: 13 ff.). Die Notwendigkeit des intensivierten Informationshandelns wird dabei mit der wahrgenommenen Unsicherheit beim Online-Shopping begründet (Huang et al. 2004). Das heißt (und dies ist zu wenig in der Forschung berücksichtigt): Erfolgreich online zu shoppen stellt den Konsumenten vor eine Reihe von Handlungsproblemen, die er irgendwie lösen muss. Dabei lassen sich für das Online Shoppen bei den beschriebenen Verkaufsplattformen Handlungsprobleme im Konsumprozess identifizieren, die über den beschriebenen typischen Ablauf (Vgl. Abb. 1) hinaus gehen.

- *Probleme bei der Produktauswahl*: Da auf Verkaufsplattformen viele Produkte angeboten werden, verschärft sich das Problem des Konsumenten, unter diesen Angeboten auszuwählen bzw. Entscheidungskriterien für die Auswahl von Anbietern und Produkten festzulegen.
- *Probleme der Einschätzung von Anbietern und Produkten*: Aufgrund der sozialen Entgrenzung und der Möglichkeit, einfach und kostengünstig Angebote online zu stellen und Webshops zu installieren, stellt es für Konsumenten ein Problem dar, unbekannte Anbieter hinsichtlich ihrer Vertrauenswürdigkeit und Qualität einzuschätzen.

In der wissenschaftlichen Literatur wird diesbezüglich auf die Gefahr der „Consumer Confusion“ hingewiesen. Bezeichnet ist damit das Problem für den Konsumenten, dass er aufgrund unüberschaubarer Mengen an zugänglichen Informationen („Information Overload“ Toffler 1970: 311) gar nicht einkaufen kann oder will, eben weil er keine adäquate Handlung entwerfen kann, d.h. sich nicht entscheiden kann, obwohl ursprünglich eine entsprechende Kaufabsicht bestand. Das Gefühl unter Berücksichtigung aller Informationen eine vermeintlich best-informierte Entscheidung treffen zu können lähmt den potentiellen Konsumenten bis zur Kaufunfähigkeit woraus eine entsprechende Unzufriedenheit resultiert. Im Online Shopping verschärfen sich daher Anforderungen an Konsumenten, sich zu informieren, diese Informationen zu bewerten und aufgrund dieser Informationen eine Kaufentscheidung zu treffen. Dabei werden nun neue Dienstleistungsoptionen als vermeintliche Lösungen für die Handlungsprobleme des Kunden integriert – eines davon wird im Folgenden beschrieben und ist das Hauptthema der Arbeit – Curated Shopping.

2.4 Von alten Online-Shopping-Modellen zu neuen Lösungen

Die Diskrepanz zwischen dem Vor Ort einkaufen und Online Shoppen, insbesondere und gerade der Wegfall von Service-Mitarbeitern bringt dem Konsumenten neue Freiheiten aber führt mit unter zum Information Overload. Diese Chancen und Risiken des traditionellen Online Shoppings stellen Kunden vor neue Probleme und Herausforderungen, d.h. vor die Entscheidung für (oder gegen) einen Anbieter und ein Produkt. Aufgrund dieser Probleme lässt sich empirisch beobachten, dass die Digitalisierung einen ‚Nährboden' für verschiedenste Geschäftsmodelle bietet[10].

2.4.1 Curated Shopping

Curated Shopping meint „ein Geschäftsmodell [.], bei dem der Händler oder eine Handelsplattform eine Vorauswahl an Produkten trifft, um diese dem potentiellen Kunden zu präsentieren. Die Rolle des Händlers wird dabei als diejenige eines Curators im Sinne eines wohlmeinenden Vermittlers gesehen. Die Grundidee des Curated Shopping besteht darin, dass der Curator aufgrund seiner Sortimentskompetenz oder bestimmter anderer Qualifikationen eine bessere Produktauswahl treffen kann als der Kunde selbst, und es dem Kunden ermöglicht, zeitsparend und bequem auf ein passendes Produkt zuzugreifen" (Gyllensvärd/Kaufmann 2013: 188).

Damit wird auf die besonderen Handlungsprobleme, die sich für Onlinekonsumenten ergeben entgegengewirkt und werden ein Stück weit aufgelöst durch die Kuration der Produkte. Diese sind so gestaltet, dass sie die mit der Service-Dyade und der Produktvielfalt einhergehenden Anforderungen an den Konsumenten dadurch wieder zurücknehmen, dass sie a) dem Konsumenten bestimmte Aufgaben abnehmen bzw. seine Auswahlmöglichkeiten minimieren, indem sie b) Produkte gezielt und den Kundenbedürfnissen entsprechend vorschlagen. Diese Empfehlung bzw. Produktauswahl kann c) durch komplexe, leistungsfähige Algorithmen oder aber typischerweise durch Service-Personal mit entsprechenden Kompetenzen getroffen werden und damit der Multioptionalität entgegenwirken wollen.

In der Forschungsliteratur wird Curated Shopping gegenüber der ökonomischen Rationalisierung und Multioptionalität des Angebots,

10 Hinweis hierfür sind nicht nur steigende Investitionen in Start-Ups im Online-Sektor (vgl. Kollmann/Kuckertz 2003), sondern auch neue Angebotsstrategien und Geschäftsmodelle, die eben nicht im Sinne des Category Killing funktionieren, die dabei Alternativen zur Produktmultioptionalität bieten

wie sie für den Onlinehandel als typisch angesehen wird, als (Re-) Triadisierung der online vermittelten Anbieter-Kunden-Beziehung und De-Optionalisierung durch die anbieterseitige Beschränkung der Produktauswahl oder als De-Mediatisierung beschrieben (Vgl. Eisewicht 2017).

Der Museumskurator Hans Ulrich Obrist (2011) sieht im Kuratieren eine für die (zweite) Moderne typische und weit(er)greifende Kulturtechnik. Die schier unüberschaubare Vielfalt von Dingen, Produkten, der umfangreiche Zugriff auf Informationen, sowie die Verteilung und Fragmentierung von Wissensbeständen führen, so Obrist, dazu, dass Tätigkeiten des „Filterns, Ermöglichens, Synthetisierens, Rahmens, Erinnerns" (eigene Übersetzung Obrist 2011: 118) zu zunehmend notwendigen, wichtigen Orientierungsleistungen werden. Dabei geht es vor allem in der Arbeit auch darum, die Frage nach dem handlungspraktischen Umgang von Menschen mit den Problemen, die sich ihnen als Konsument und Handelnder in medientechnisch vermittelten Situationen stellen. Curated Shopping ist folglich nicht nur ein Phänomen, das auf seine Neuheit hin untersucht und das exemplarisch für die Identifikation und den Umgang mit neuen und alten Handlungsproblemen im Konsum herangezogen werden kann, sondern es ist auch ein Hinweis auf die zunehmende Bedeutsamkeit von Wahlentscheidungen aus einem scheinbar unbegrenzten Vorrat an Möglichkeiten und damit eine Bestätigung der Multioptionalisierung. In der sozialwissenschaftlichen Forschung sind Abweichungen vom herkömmlichen Modell des Online-Shoppings bislang nicht behandelt worden. Allerdings weisen Marktforschungsinstitute (und deren dementsprechend vorsichtig zu beurteilende Studien) Curated Shopping als bedeutenden Trend aus (Vgl. IHK 2016: 25). Erhebungen zufolge haben etwa vier bis sechs Prozent der Bevölkerung entsprechende Angebote genutzt (Vgl. ECC 2015), und das Interesse an diesen Angeboten ist ebenfalls hoch (ca. 60 bis 80 Prozent: vgl. ebd.; Outfittery/GfK 2015). Ein weiterer Hinweis auf die Bedeutsamkeit des Curated Shoppings findet sich in der Popularität entsprechender Anbieter (in Deutschland v.a. durch Modomoto und Outfittery), wie auch in der Implementierung von Curated Shopping Angeboten in bestehende prominente Verkaufsplattformen herkömmlicher Läden (z.B. das Curated Shopping Angebot „Zalon" von Zalando, dem umsatzstärksten Online Shop für Bekleidung in Deutschland; Vgl. Statista 2016c: 98).

Wie anfangs erwähnt, wird unter Rückgriff auf Becks These der Individualisierung, angenommen, dass die zweite Moderne einerseits eine neue Freiheit – d.h. auch jenseits klassischer Begrenzungen durch Klasse und Stand – gewährt, dass diese Freiheit allerdings auch „einschränkt“ indem sie durch eine schier unüberblickbare Möglichkeitswahl den Konsumenten mitunter überfordert. So sollen wir in der heutigen Gesellschaft kompetent auswählen, können es aber nicht immer. Problematisch ist dies gerade im Bereich des *Modekonsums*. Zweifelsohne kommt *Mode*, gerade in individualisierten Gesellschaften, die Funktion der Persönlichkeitsrepräsentation zu. Es geht beim Modekonsum darum etwas darstellen und ausdrücken zu wollen womöglich (branchenspezifisch) auch ausdrücken zu müssen.

Mit Blick auf die Beck´sche These der Individualisierung ist Curated Shopping als Reaktion auf den Druck ein zum möglichst individualisiertes Leben zu führen lesbar. Curated Shopping wäre damit auch als Reaktion lesbar auf das Problem des Konsumenten bei zunehmenden Tendenzen der Multioptionalisierung und unter Bedingungen defizitärer Wissensbestände Handlungsentscheidungen treffen zu müssen.

Curated Shopping ist allerdings nicht nur als entlastend zu beurteilen sondern ebenfalls ressourcenintensiv: Gegenüber den ökonomisch rationalisierten Angebotsstrategien der herkömmlichen Onlineangebote handelt es sich um vergleichsweise service- bzw. personalintensive Angebote (Vgl. Möhlenbruch et al. 2016) mit dem Versprechen eine ‚bessere' Kundenentscheidung und dadurch vor allem auch Zufriedenheit zu ermöglichen, indem anbieterseitige Kompetenzen in der Produktauswahl genutzt werden. Aufgrund der oft persönlich getroffenen Auswahl durch Personal werden solche Modelle in Anlehnung an den Begriff des Kurators in einem Museum (Vgl. Obrist 2011) als „Curated Shopping“ (Vgl. Eisewicht 2017) bezeichnet.

2.5 Forschungsdesiderat und Fragestellung der Arbeit

Grundsätzlich ist zu konstatieren, dass sich die bisherige Forschung mit Konsumphänomenen in Bezug auf die Digitalisierung bzw. das Internet lediglich punktuell befasst. So wurde in der Dienstleistungssoziologie einerseits breit zu *Dienstleistungsinteraktionen* gearbeitet (Vgl. Dunkel/Kleemann 2013), andererseits wurde die *Mitarbeit des Kunden in Online-Kontexten* breit beforscht (Bayreuther et al. 2012). Die *onlinevermittelte Service-Triade* wurde bisher jedoch *nicht* erkundet. Für die Organisations- und Wirtschaftssoziologie ist die Fokussierung auf das als typisch erachtetes Modell des ‚Online Warenhauses' (Kirchner/ Bayer 2016) wie bspw. Amazon bezeichnend. Inwieweit sich alternative

Konzepte finden lassen und wie diese mitunter anders organisiert sind (bezüglich Angebotsgestaltung, Monetarisierungsstrategie, Geschäfts- und Managementorganisation), ist bisher noch unbeachtet geblieben. Als größere Lücke erweist sich schließlich, dass beim Online-Shopping die Rolle der (mitarbeitenden, aktiven) Konsumenten nicht unerheblich zu sein scheint. Empirisch bleibt jedoch der Blick der Forschung auf der Anbieterseite (und deren Perspektive auf den widerspenstigen Konsumenten Vgl. Gabriel/Lang 2015) verhaftet. Dies gilt auch für die Konsumforschung, die ihrerseits attestiert, dass die Grenzen zwischen Arbeit und Freizeit, Konsum und Produktion verschwimmen.

Fazit: Das Angebot und die Nutzung von ‚irgendwie' als anders proklamierten und verhandelten Konsumphänomenen wirft die grundsätzliche Frage auf, wie Konsumenten Digitalisierung in ihren vielfältigen alltagspragmatischen Zugriffen verstehen. Dabei stellen sich mit Blick auf Curated Shopping folgende Forschungsfragen:

- *Aufgrund welcher Wissensbestände, Motive und Relevanzen werden Curated Shopping Angebote konsumentenseitig gesucht und genutzt?*
- *Inwiefern ist die Kuration eines Angebots eine Antwort auf die Bedürfnisse und Probleme des Handelnden?*
- *Welche Konsequenzen und Folgeprobleme ergeben sich aus der Entscheidung für ein kuratiertes Angebot?*

3 Methodische & Methodologische Überlegungen

3.1 Einleitende Bemerkungen zum Vorgehen

Aufgrund des weitgehend sozialwissenschaftlich unerschlossenen Feldes bzw. des vergleichsweise neuen Phänomens, bietet sich generell ein qualitatives bzw. explorativ-interpretatives Vorgehen an (Vgl. Keller 2016; Reichertz 2016). In dieser Arbeit wird vornehmlich auf die Konsumentenperspektive untersucht. Dazu wird übergreifend der Forschungsstil der ‚Grounded Theory Methodology' eingesetzt und das fokussierte Leitfadeninterview als Erhebungsinstrument herangezogen. In den folgenden Abschnitten wird diese Auswahl begründet.

3.2 Datenerhebung & Aufbereitung

3.2.1 Qualitative Interviews

Qualitative Interviews sind in der Sozialwissenschaft eng mit Ansätzen der verstehenden Soziologie verbunden (Vgl. Hopf 2013: 350). Sie bieten die Möglichkeit, gemäß der Zielführung der Arbeit, das handlungsleitende Wissen, Orientierungen und Motive differenziert und offen zu erheben.[11] Sie unterliegen dem für dieses Vorhaben förderlichen Anspruch der Nicht-Direktivität als auch einem hohen Maß an Offenheit (Vgl. ebd.: 351). Zu unterscheiden ist prinzipiell eine Vielzahl an Interviewvarianten (Vgl. ebd.).

In dieser Arbeit wird sich bei der konkreten Interviewführung an den Leitfadenfragen orientiert, was Spielräume in den „Frageformulierungen, Nachfragestrategien und in der Abfolge der Fragen eröffnet" (Ebd.). Bei der Durchführung wird dabei ein breites Themenspektrum angesprochen wobei im Zentrum das Hauptthema Curated Shopping

11 Ein quantitativer Zugang wäre hier aus diesen Gründen und aufgrund der Fragestellung nach Relevanzen nicht vorzuschlagen.

steht. Nach Beantwortung dieser Fragen leitet dies über zur Wahl des sog. Leitfadengestützten *fokussierten Interviews.*

Diese Verfahren wurden in den 40er Jahren von Robert Merton u.a. entwickelt. Ein zentraler Punkt ist hier die „Fokussierung auf einen vorab bestimmten Gesprächsgegenstand bzw. Gesprächsgegenstand bzw. Gesprächsanreiz" (Vlg. ebd.: 353). Nach Merton et al. gibt es vier Qualitätskriterien für fokussierte Interviews (Vgl. Merton et al. 1956: 12 zit. nach Hopf 2013: 354): Reichweite, Spezifität, Tiefe und Personaler Kontext. *Ersteres* meint, dass das Spektrum der Problemstellung nicht zu eng sein soll und die Interviewenden maximale Möglichkeiten haben auf den Stimulus selbst zu reagieren. Die *Spezifität* bezieht sich auf die Themen und Fragen. So sollen die Interviewenden auf konkrete eigene Erlebnisse eingehen wie hier der Prozess des Bestellens bis hin zur Bezahlung der Produkte. Die *Tiefe* ist vor allem auf die dem Interviewenden eigenen Dimensionen d.h. der affektiven, kognitiven und wertbezogenen Bedeutung, bestimmter Situationen bezogen (Vgl. ebd.: 354). *Letzteres* meint, dass der persönliche Kontext, „in dem die analysierten Deutungen und Reaktionen stehen, ausreichend erfasst und reflektiert werden muss" (vgl. ebd.). Dabei stellt ein Vorteil dieser Interview-Technik vor allem, die nicht-direktive Gesprächsführung mit dem eigenen Interesse an sehr spezifischen Informationen sowie der Möglichkeit zur gegenstandsbezogenen Explikation von Bedeutung zu Verbinden dar.

3.2.2 Leitfadenerstellung

Der Leitfaden wurde nach der „SPSS" Methode, beruhend auf Helfferich (2009) erstellt und findet sich im Anhang ab S. 87 ff. wieder. (Vgl. Helfferich 2009: 182). Die Kürzel in „SPSS" stehen für „Sammeln", „Prüfen", „Sortieren" und „Subsumieren". Mithilfe der folgenden Abbildung werden die vier Schritte der Methode kurz erläutert:

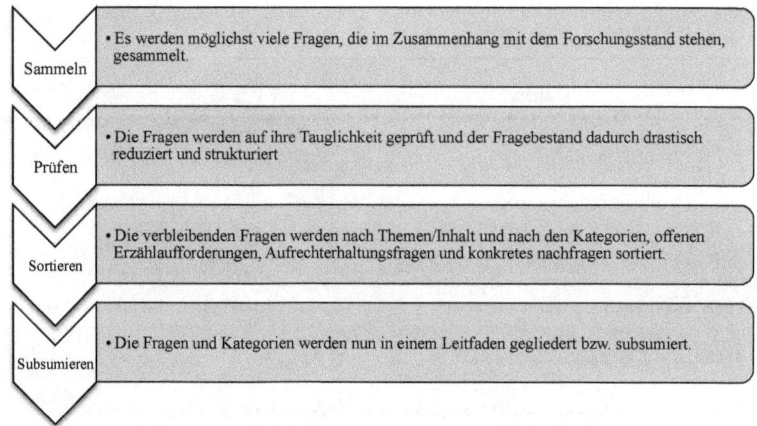

Abbildung 2: SPSS Methode.

Der vorliegende Leitfaden ist in vier verschiedene Kategorien mit unterschiedlichen Aufgaben gegliedert. Damit die Interviews flexibel bleiben, sollten maximal vier Themenblöcke zum Einsatz kommen. Diese werden durch Erzählaufforderungen eingeleitet. Die Erzählaufforderungen haben im Verlauf des Interviews die größte Relevanz. Sie sollen den Interviewten dazu animieren nach Helfferich, möglichst viele der interessierenden Aspekte von sich aus anzusprechen. Die Anführung der inhaltlichen Aspekte im Leitfaden dient als ‚Check-Liste', anhand derer überprüft werden kann, ob zu allen relevanten Gesichtspunkten Informationen generiert werden konnten. Wenn dies nicht der Fall ist, können die fehlenden Aspekte durch konkretes Nachfragen, welches ebenfalls im Leitfaden vorformuliert ist, aufgegriffen werden. Die konkrete Formulierung sollte je nach Situation angepasst werden (Vgl. Helfferich 2005: 181–189). Die Reihenfolge der Themenblöcke kann an den Gesprächsablauf angepasst werden. Um den Gesprächsfluss aufrechtzuerhalten, wurden außerdem Aufrechterhaltungs- und Steuerungsfragen mit in den Interviewleitfaden eingefügt, die benutzt werden können, wenn das Gespräch ins Stocken gerät. Diese Anleitung nach Helfferich wurde bei der Durchführung der Interviews zu Grunde gelegt.

3.2.3 Datengrundlage

Datum	
Interview 1, männlich: Outfittery	Transkribiert
Interview 2, männlich: Outfittery	Transkribiert
Interview 3, männlich: keine Nutzung	Transkribiert
Interview 4, weiblich: sugar shape, zalon	Nicht transkribiert aber Aufnahme liegt vor.
Teilnehmende Beobachtung: Outfittery	Dokumentation im Forschungstagebuch
Beobachtende Teilnahme: Zalon, Bloomon, mymuesli	Dokumentation im Forschungstagebuch

Tabelle 1: Datengrundlage.

Insgesamt wurden vier Interviews geführt. Dabei wurden die Interviewpartner vorerst danach ausgewählt welcher Curated Shopping Dienst in Anspruch genommen wurde. Die Wahl fiel schnell auf den Marktführer Outfittery aufgrund der Tatsache, dass es im persönlichen Umfeld diesbezüglich einige Nutzer gab.

Zum Anbieter: Outfittery beschreibt sich selbst als „Revolutionär der Männermodewelt" (Vgl. Outfittery 2018). Der Personal Shopping Service richtet sich folglich ausschließlich an Männer, die dem „Einkaufsstress" eine Alternative gegenübersetzen wollen (Vgl. ebd.). Outfittery wurde 2012 (Gruenderszene.de 2018) gegründet und ist mittlerweile europäischer Marktführer. Die Beratung der männlichen Kunden steht im Fokus (Vlg. ebd.) damit diese „wieder mehr Zeit für die wichtigen Dinge im Leben haben" (ebd.). Die Festlegung auf diesen Dienst führte auch vorerst dazu, dass es ausschließlich eine Fokussierung auf das männliche Geschlecht bei den Interviewpartnern gab. Dabei kamen im späteren Verlauf auch weibliche Interviewpartnerinnen hinzu.

3.2.3.1 Der Interviewleitfaden (Ausschnitt)

Der Einstieg erfolgte mit einem einleitenden Gespräch in dem alle Rahmenbedingungen (kurze Vorstellung, Einverständniserklärung zur Aufzeichnung und Vertraulichkeitsvereinbarung) und das Thema kurz erläutert wurden.

Curated Shopping-Leitfaden Version 3.0 (10-2017)

Einstieg

- Wie kaufst du Kleidung an und welche Rolle spielen dabei Entscheidungshilfen?
- Welche Rolle spielen Curated Shopping Angebote und warum?

Nachfragen / CS Thematik (Kleidung)

- Was ist dir dabei aufgefallen?
- Was hast du erwartet zu bekommen?
- Was hast du bekommen?
- Was hast du davon behalten? Warum?
- War es angemessen/hilfreich?

- Wie bist du **darauf aufmerksam geworden**? (wann/wie hat das angefangen bis jetzt)
- Welche Angebote sind dir bekannt?
- Warum hast du dich entschlossen, das zu machen? Bei was hilft es dir?
- **Welche Relevanz hat** das für dich? (Zeitersparnis, gute Kleidung zu tragen etc.)
- **Wie** stehst du dazu? (→ z.B. jemand der das oft/ab und zu macht etc.) und warum?
- **Wann greifst du darauf zurück**? (für bestimmte Anlässe, immer, Saisonbedingt etc.)
- **Was ist der Vor-**/ und Nachteil davon?
- **Was ist deine Vorstellung davon (von der Vermittlungsposition**:)? (ist das ein Mensch, Algor./ Wer sucht das aus?)
- **Was sind die Vor und Nachteile** von anderen Plattformen die es gibt und was ist der Unterschied zu CS?
- **Was sind das für Angebote für dich (die CS Angebote).** Gibt es andere Dinge die Ähnlich sind und wodurch unterscheidet sich das. Was ist der Unterschied zu anderen Plattformen?
- Wie sieht der typische Ablauf aus?

Abbildung 3: Leitfaden Ausschnitt.

Die drei Themenblöcke bezogen sich auf die drei zuvor vorgestellten Untersuchungsdimensionen und sollten Informationen zu dem jeweiligen Schwerpunkt generieren. Das Interview wurde mit resümierenden Fragen als auch ergänzenden Aufforderungen beendet.

3.3 Methodologische Anmerkung & Grundlage

„Am Anfang steht nicht eine Theorie, die anschließend bewiesen werden soll. Am Anfang steht vielmehr ein Untersuchungsbereich

– was in diesem Bereich relevant ist, wird sich erst im Forschungsprozeß herausstellen“ (Strauss/Corbin 1996: 7 f.).

Die Grounded Theory beruht im Einklang mit dem Symbolischen Interaktionismus auf der Annahme, dass gesellschaftliche Strukturen immer als Wirklichkeiten im Vollzug zu denken sind[12]. Sie sind konsti-

12 Da Methoden immer auch aus der Fragestellung abzuleiten sind und damit die theoretische Richtung auch verortet und erkennbar wird (Vgl. Reichertz 2007: 198) stellt sich in den folgenden Zeilen die Frage wie die Grounded Theory Methodology (kurz: GTM) aus der symbolisch-interaktionistischen Forschungstradition entstammend, mit einer wissenssoziologischen Perspektive vereinbar ist. Die Grundlage der GTM ist der amerikanische Pragmatismus dessen Protagonisten insbesondere William James, John Dewey und Charles Sanders Peirce waren. Die von ihnen entwickelte Philosophie, die nach den Konstruktionsleistungen des Bewusstseins bei der Erschließung und Repräsentation von sozialer Realität fragte (vgl. Joas/Knöbl 2004: 184 ff.) fundierte den Symbolischen Interaktionismus der von G.H.Mead maßgeblich entwickelt und seinem Schüler H.Blumer programmatisch ausformuliert wurde. Die Grundannahme des Pragmatismus lautet „that the meaning of a proposition is to be found in the pracical consequences“(Mc Dermid 2006). Damit müssen die praktischen Konsequenzen erfahrbar sein. Da die Erfahrung perspektivisch ist d.h., dass es keine universelle Wahrheit gibt ist damit auch keine strikte Trennung zwischen Empirie und Theorie vorhanden (Vgl. Strübing 2008: 37–49). Der Symbolische Interaktionismus hat die Rekonstruktion des subjektiven Sinns zum Ziel, den Individuen mit ihren Handlungen und ihrer Umwelt verbinden (Vgl. Flick 2007: 82). Sowohl die physische Welt als auch interaktive Bedeutungszuschreibungen sind einem Wandel unterworfen und demnach ist die Realität als Prozess zu verstehen. (Vgl. Strübing 2008: 39). „Weil Theorien nicht Entdeckungen (in) einer als immer schon gegebenen zu denkenden Realität, sondern beobachtergebundene Rekonstruktionen repräsentieren, bleiben auch sie der Prozessualität und Perspektivität der empirischen Welt unterworfen“ (ebd.). Die Wissenssoziologie ist vordergründig in der Phänomenologie von Alfred Schütz verortet. Schütz emigrierte 1939 in die USA und setzte sich dort mit Georg Herbert Mead und dem amerikanischen Pragmatismus auseinander. So fanden auch diese Ideen in sein Werk Einzug. Insofern liegen Symbolischer Interaktionismus und Wissenssoziologie tendenziell auf einem nah beieinanderliegenden Fundament. Damit ist ein interpretatives Vorgehen anschlussfähig insofern auch hier „der sinnhafte Aufbau der sozialen Wirklichkeit im Vordergrund aller rekonstruktiven Bemühungen steht, die sich so als in einem weiten Sinnhermeneutische Anstrengungen erweisen“ (Eisewicht 2005: 113) Die Analyse der GTM zielt in pragmatistischer Weise auf Handlungen und deren Folgen ab und versucht dabei den Sinn zu rekonstruieren. Dabei meint das, dass der soziale Sinn in den Handlungen liegt wohingegen in der phänomenologisch begründeten Wissenssoziologie dieser innerhalb des Akteurs verortet wird. Die neuere Wissenssoziologie wird soziale Wirklichkeit dabei vor allem im Handeln hergestellt (Vgl. Schnettler 2007: 162) das aus subjektiven Erfahrungen beruht (Vgl. Eisewicht 2005: 114). Der subjektive Wissensvorrat bzw. das daraus resultierende Handeln wird allerdings auch in der interaktionistischen Theorie als Problemlösungsprozess im Zentrum ste-

tuiert durch Institutionen und Praktiken, die das Resultat menschlicher Aushandlungsprozesse sind und damit ständigen Veränderungen unterliegen. Dennoch unterliegen soziale Praktiken bestimmten Konzepten (von unterschiedlicher Stabilität und Dauer), die im Alltag oftmals implizit bleiben und die zu entdecken eine Rekonstruktion mittels der GTM ermöglicht. Forschung mittels der GTM zu betreiben, bedeutet einen verstehenden Zugang zu sozialer Praxis zu wählen. Es gilt über die Entdeckung praxisleitender Konzepte zu ergründen, wie Menschen z.B. auf Probleme reagieren – wie sie als solche konstruiert werden und welche (auch lösungsförderlichen) Wissensbestände dabei zum Einsatz gelangen. Vor dem geschilderten Hintergrund bietet sich die GTM an, wenn es darum geht, eine kundenzentrierte Sicht einzunehmen und die subjektiven Wissensbestände der Kunden in den Blick zu bekommen, zudem deren Motive, Relevanzen und Bewertungen zu beleuchten.

In der qualitativen Sozialforschung stellen insbesondere Erzählungen (aber auch Verhaltensweisen) von Menschen zentrale Erkenntnisgebiete dar (Vgl. Strauss/Corbin 1996: 3). Etwas genauer: „Wenn gesellschaftliche Wirklichkeit in kommunikativem Handeln das Sozialleben durchdringt, dann stammt unser zuverlässiges Wissen über diese Wirklichkeit von den Rekonstruktionen dieser Prozesse“ (Luckmann 2006: 25). Dass wissenschaftliche Rekonstruktionen nicht neutral sind, lässt sich schon bei Schütz finden: Wissenschaftliche Rekonstruktionen (z.B. von Perspektiven auf Curated Shopping) sind Konstruktionen zweiter Ordnung zu betrachten und damit verschieden von jenen erster Ordnung (z.B. den Äußerungen der Curated Shopping Nutzer). Zum einen weil kein Mehrwert darin bestünde Konstruktionen der Erforschten deskriptiv nachzuerzählen. Zum anderen: Eine Rekonstruktion ist eine Konstruktion einer Konstruktion auf Basis der Wissensbestände und des Standpunkts des sozialwissenschaftlichen Beobachters. Mit anderen Worten: Es handelt sich bei sozialwissenschaftlichen Rekonstruktionen um Handlungsmodelle, Typen, etc. die dabei nach der Perspektive und der Forschungsfrage des Forschenden nach den Methoden konstruiert sind (vgl. Eisewicht 2005: 100).

---

hen, welcher sich dynamisch verhält. Somit ist für diese Arbeit mit der Fokussierung auf Problemlösungsprozesse die Grounded Theory Methodology anleitend und als Methode anschlussfähig nach der Frage wie Kunden das Problem des Online Shoppens und den daraus resultierenden Problemen lösen.

Insofern reflektiert die durchgeführte Forschung, dass eine analytisch rekonstruierte Konstruktion von Handelnden zu Grunde gelegt worden ist. Im nachstehenden Kapitel geht es um die Nachvollziehbarkeit der erarbeiteten Konstruktionen. Gezeigt wird auch, dass sich das Vorgehen in der Forschungspraxis, gemäß qualitativen Vorgehens, zirkulär gestaltet hat.

3.4 Grounded Theory Methodologie

Der vorliegende Forschungsgegenstand ist wie dargelegt bis dato weitgehend unerforscht. Zur Annäherung bietet sich mit der GTM eine Methode an, die die erhobenen Daten fokussiert um eine genuin datenverankerte Theorie mittlerer Reichweite generieren zu können. Diese ermöglicht in einem zweiten Schritt einen Austausch zwischen bestehenden und über die Forschung entstehenden Theorien zu bilden, innerhalb dessen ein enger Bezug zu den erhobenen Daten besteht (Stauss 1998: 40 zit. nach Eisewicht 2005: 110) Die GTM-„Methodologie"[13] nach Anselm Strauss und Juliet Corbin[14] zielt auf das Zusammenspiel zwischen Handlungsweisen und Wissensbeständen in sozialen Situationen. Damit bildet sie eine sehr gute Ausgangsposition für die Erforschung von Curated Shopping – die Probleme die für die Kunden aus Sicht der Kunden abgemildert werden oder auch neu entstehen. Ein weiterer Vorzug ist, dass verschiedene Datensorten integrierbar sind. Dabei gingen in die vorliegende Untersuchungen Memos und Beobachtungen ebenfalls mit ein.

---

13 Methodologie und nicht nur Methode da es „eine Methodologie [...] analytisch über Phänomene nachzudenken" (Leggewie/Schervier-Leggewie 2004: 58). Das Ergebnis sollte im besten Falle schließlich eine Grounded Theory sein.

14 Die Grounded Theory hat verschiedene Phasen der Entstehung hinter sich und dabei bilden sich ebenfalls verschiedene Lager in der Vorgehensweise durch methodologische Grundsatzdebatten aus – In dieser Arbeit wird die Grounded Theory nach Strauss/Corbin verfolgt da sie nach Glaser m.E. nicht mehr möglich ist. Glaser rekurriert auf eine völlige Unvoreingenommenheit. Dies bedeutet in Bezug auf die Vollzogenen Schritte uns insbesondere bei der theoretischen Sensibilität, dass man weder Literatur noch weitere Erkenntnisse hinzuziehen darf. In diesem Fall allerdings ein biografisches Vorwissen und Interesse am Gegenstand. Außerdem ist eine völlige Unvoreingenommenheit schwer möglich da der Mensch immer schon in eine Sozialisation hineingeboren wird und sich durch die Wahrnehmungsweisen von sozialer Realität gar nicht komplett entziehen kann. Dabei stellt sich mir eher eine grundsätzliche Frage philosophischer Natur, die danach Fragt ob die Platte mit vier Beinen jedes Mal aufs Neue bewertet werden muss um sie als Tisch einzuordnen.

In der Folge werden die maßgeblichen Charakteristika der GTM dargestellt (d.h. die theoretische Sensibilität, das theoretisches Sampling & die komparative Analyse und die jeweiligen Kodierverfahren: offen, axial, selektiv). Nach der jeweiligen Erklärung der einzelnen Stufen werden die konkreten Arbeitsschritte wie sie in der Forschung gehandhabt wurden dargestellt.

3.4.1 Theoretische Sensibilität

Mit der theoretischen Sensibilität gemeint, ist die Fähigkeit des Forschenden aus der Beschäftigung mit empirischen Daten theoretische Überführungen zu vollziehen und auch Daten durch die theoretisch fundierte Fragestellung heranzuziehen. Strauss & Corbin lehnen sich dabei an Herbert Blumers[15] Konzept des ‚sentizizing concept' (1954) an. Dies meint bestimmte Perspektiven oder (theoretische) Begriffe bei der empirischen Forschung als Heuristik einzusetzen um soziale Prozesse zu beschreiben oder deutlicher modellieren zu können. Bei der Grounded Theory Methodology gestaltet sich der Anfang der Forschung recht offen da die Sensitizing-Concept-Idee tatsächlich sehr ernst genommen wird. Theoretische Sensibilität spielt aber praktisch zu jeder Zeit bei der GTM eine große Rolle wobei sie besonders bei der *Methode des permanenten Vergleichs* zum Tragen kommt wenn Fälle kontrastiert werden (was teilen dieser Fall und ein anderer? Wo divergieren sie?) oder auch Segmente innerhalb eines Falls (was teilt dieses Segment des mit einem anderen? Wo divergieren sie?): Im Durchgang der Daten wird vor dem Hintergrund sich permanent modifizierender Erkenntnisse auf Basis eben theoretischer Überlegungen immer enger zugespitzt. Es wird sukzessive immer deutlich, welche *Konzepte* dem fraglichen Sozialphänomen zugrunde liegen.

Insgesamt speist sich die theoretische Sensibilität aus verschiedenen Bereichen oder Materialien. Dazu kann mitunter auch Wissen zählen, dass durch Literaturrecherche „angelesen" wurde. Es können ebenso persönliche Erfahrungen sein oder Erkenntnisse aus anderen Projekten. Im vorliegenden Falle stützt sich die Arbeit auf persöliches und fachliches Vorwissen sowie Erkenntnissen, die aus Datenerhebung im Vorfeld resultieren. Zu nennen sind biografische Interessen bzgl. eigener Erfahrungen mit den Services (d.h. dem Bestell-, Empfangs-, Kauf-, Nutz- und Retourprozess von Zalon, Hello Fresh, Glossybox, Bloomon, Mymuesli) aber auch teilnehmende Beobachtungen (bei Bestell-, Empfangs- und Retourprozessen von Outfittery,

15 Mitzudenken, dass Anselm Strauss seinerzeit Schüler von Herbert Blumer war.

Bloomon und Zalon) und Vorwissen zur Konsumsoziologie im Allgemeinen sowie der Modetheorie im Speziellen. Diese Quellen gilt es dahingehend zu reflektieren, das sie eben als Vorwissen bzw. Hintergrundwissen in die Forschung eingehen sowie als deren heuristischer Rahmen fungieren (z.B. bei der Kodierung).

3.4.2 Theoretisches Sampling und komparative Analyse

Theoretisches Sampling (kurz: TS) meint die analytische und konzeptorientierte Auswahl von Daten am erhobenen Material. Die Triebfeder des TS bildet die Konfrontation der Forscherperspektive, die wie geschildert durch die theoretische Sensibilität beeinflusst ist, mit den Daten. Das TS-Prinzip ist jenes des rollenden Stichprobenverfahrens und unterscheidet sich dadurch von kriteriengeleiteten Samplebildungssystemen, die vorab die Größe (und z.T. Charakteristik) der Stichprobe festlegen.

Im Grunde wird beim TS ab der Untersuchung des ersten Falls eine erste These oder Spur entwickelt, die dann den weiteren Samplingprozess leitet. Das TS sorgt für die Auswahl wieder neuen Materials (das sodann den Kodierprozeduren zugeführt wird, deren Anwendung wiederum mit theoretischen Annahmen erfolgt). Insofern spielt die theoretische Sensitivität durchgängig und v.a. bei der Daten-Komparation und der Samplebildung eine große Rolle. Durch die vorerst noch Verschlossenheit des Feldes bietet sich eine Kombination aus gezieltem, systematischem und zufälligem Sampling. Gezielt, weil offensichtlich wichtig. Zufällig, weil wahllos zu Beginn und systematisch durch eine bestimmte Strategie bspw. von einer bestimmten Person ausgehend. Dabei erschließen sich Aufmerksamkeitsrichtungen und Konzepte für das weitere Vorgehen sowie relevante Kategorien.

In der Arbeit gestalteten sich Umsetzungen der GTM Elemente wie folgt. Die Auswahl der zu interviewenden Personen verlief zunächst sehr offen oder zufällig, aufgrund der Tatsache, dass eben Menschen gefunden werden mussten, die einen Curated Shopping Dienste tatsächlich nutzen. Dabei war es interessant festzustellen, dass weniger aufzufinden waren, die den Dienst dauerhaft nutzen als viel mehr Menschen, die Interesse hatten es sporadisch auszuprobieren und ausprobiert haben aber dann nicht weiter verfolgen. Somit bestätigte sich die von Outfittery in Auftrag gegebene Studie, dass zwar jeder Dritte Online User Personal Shopping nutzen möchte, es aber gerade mal sechs Prozent derjenigen, die es gemacht haben, auch weiterhin nutzen werden (Vgl. GfK 2015). Insgesamt wurden drei Curated

Shopping Nutzer interviewt als auch eine Nutzerin. Zusätzlich wurden, wie bereits im Kapitel vorher erwähnt, teilnehmende Beobachtungen als auch beobachtende Teilnahmen durchgeführt. Dies sind Elemente der Ethnographischen Ansätze und fokussieren die „Akteure (und ihre Lebenswelt) folglich dahingehend, wie, d.h. mit welchen Relevanzen und Orientierungen [...], sie handeln und welchen Sinn ihre Handlungen, die Handlungen Anderer und die Folgenwirkungen dieser Handlungen für sie haben." (Hitzler/Eisewicht 2017: 30–31). Mit der teilnehmenden Beobachtung ist gemeint, dass bei einem Feldaufenthalt das Beobachten im Vordergrund steht und nicht das aktive Ausführen also das Teilnehmen an der Tätigkeit (Im Vergleich zur beobachtenden Teilnahme).

Das Theoretical Sampling hat sich insofern nicht so sehr auf die Zusammenstellung des Datenkorpus (Stichprobe) bezogen sondern gelangte vielmehr als Prinzip bei der Datenkontrastrierung zum Einsatz d.h. ausgehend vom ersten ausgewerteten Fall wurden jene Fälle hinzugezogen und ausgewertet bei denen unter Eindruck des absolvierten Interviews erste ähnliche oder betont divergente Konzepte wahrscheinlich schienen.

3.4.3 Minimal-/Maximal Kontraste bei Konzepten beim Sampling

Auswertung und Erhebung stehen in einem ständigen wechselseitigen Verhältnis zueinander, d.h. dass sich eine spiralförmige hin und her Bewegung zwischen theoretisch angeleiteter Empirie und empirisch gewonnener Theorie vollzieht. Dabei wird mit Minimal-/und Maximal Kontrasten (d.h. der Konfrontation von Fällen, die ähneln und solchen, die sich unterscheiden) vorgegangen. Diese beziehen sich auf die Eigenschaften und deren Ausprägungen von Konzepten. „Dabei werden Gemeinsamkeiten zusammengefasst und Unterschiede auf den jeweiligen Ebenen (Kategorie, Konzept, Eigenschaft, Ausprägung) zur Rekonstruktion der Varianz des sozialen Phänomens genutzt." (Eisewicht: 111). In der Arbeit fanden sich konkret bei der Kodierung Aussagen, die sich als wichtig und redundant wiederfanden hierbei wurden schließlich immer wieder nach Kontrasten gesucht um die Ergebnisse zu verfestigen oder zu revidieren.

3.4.4 Kodierverfahren: offen, axial, selektiv

Das dreistufige Kodierverfahren nach Strauss & Corbin (1991, 1993) stellt das Herzstück der GTM dar. Das *offene Kodieren* bildet den ersten interpretativen Zugang zu den Daten. Theoretisch relevante Kategorien, Eigenschaften, Dimensionen werden dabei konstruiert. Dabei wird das sensibilisierende theoretische Konzept nach empirischer Relevanz überprüft.

Handwerklich beschrieben geht es in der Arbeit darum, dass Datum bzw. in diesem Fall die schriftliche Transkription, in Sinneinheiten zu strukturieren, d.h. zu segmentieren und so dann die einzelnen Segmente ‚aufzubrechen' um an die zugrunde liegenden Konzepte zu gelangen. Dabei wurden anfangs generative Fragen (Mey/Mruck 2009) an das Material gerichtet[16]. Das Resultat dieses ‚Aufbrechens' war jeweils ein Code (mitunter auch mehrere Codes pro Segment im Falle der Mehrfachcodierung), der in einer Codeliste notiert wurde.
Das Memo Writing wurde eng verknüpft mit den generativen Fragen d.h. dass nach Beantwortung der W- Fragen das Segment umfassend sensibilisiert interpretiert wurde und eine Formulierung gefunden wurde, die auf den Gehalt der Sinneinheit zugeschnitten war. Im Anschluss daran wurden die Codes recht grob sortiert. Dabei wurden an dieser Stelle rein vorläufige Kategorien gebildet die in einem späteren Schritt präzisiert und modifiziert wurden. Zuletzt wurden die Dimensionen ausgearbeitet. Diese vorläufigen Kategorien bildeten sensibilisierende Anhaltspunkte und eine Heuristik bei der Kodierung und der vorläufigen Kategorienbildung für den nächsten Fall bzw. die weiteren Interviews. Konkret wurden aus zehn vorläufigen Kategorien sieben Kategorien herausgearbeitet und die Dimension schließlich versucht treffend zu formulieren. Die Kategorien sind hier Stichwortartig aufgelistet und werden im Ergebnisteil ausführlich erläutert und in Bezug gesetzt:

Kategorienliste

1. Kunde als multidimensionaler Entscheidender (Kleidungsentscheidung)

   (a) Geschlecht (a,b,c rückt vorerst in int. Bedingungen im Kodierparadigma)
   (b) Branche
   (c) gesellschaftlich/zeitlich
   (d) individuell Kriteriengeleitet wandelbar und labil

2. Curated Shopping als zwangloser Kompensator für Ressourcenmangel & Bedürfnisproduzent

16 (es handelt sich dabei um die W-Fragen: wer, was, wann, wie, wo)

(a) persönlich defizitorientierte Darstellung
(b) Darstellung der digitalen Gegebenheiten
(c) Bedarf und Bedürfnis

3. Kundenantizipator (Memo: Vorwegnehmen) & personalisiert moderierender Experte
   (a)Produktselektionsaushandlung
   (b) Intimisierte und personalisierte anbieterseitige Beziehungskonstruktion mit Vor- (Empathie) und Nachteilen (Kommunikations- und Handlungsdruck)

4. Curated Shopping für Kunde als intransparente Dienstleistung Hinsichtlich der
   (a)Kommunikation
   (b) Bestellprozess
   (c) Produkte

5. CS im relationalen Spannungsfeld von Einzelhandels- und Onlinekaufberatung
   (a)Der Kunde als Differenzbildender Evaluator (Differenz online/offline leitet die Bewertungskriterien)
   (b) Kunde als intransparenzakzeptierender Akteur
   (c) Kunde als Proviteur zugeschriebenen Expertenwissens

6. Konstruktion Curated Shopping zwischen ökonomischen Akteur und empathischen Ratgeber

7. Individueller Stil ist mehr als die gelungene Zusammenstellung der Kleidungsteile
   (a) im Hinblick auf Individualität
   (b) im Hinblick auf Stil und Detailpräferenzen

Das *axiale Kodieren* meint das Herstellen der empirischen Beziehungen zwischen den Kategorien. In diesem Schritt wurde sich an das Kodierparadigma nach Strauss gehalten. Dies hat den Vorteil der größten Offenheit, um an die Bedeutungen hinter den Daten zu gelangen. Es lässt einen auf Motive und den Kontext schauen. Dabei verhilft einen dieses Paradigma im Vergleich zu Anderen[17] weniger in vorgefertigten Strukturen zu denken um auf neue Ideen zu kommen und nicht immer die gleichen Wissensbestände zu reproduzieren. Es dient als Hilfestellung zum Herausarbeiten der Beziehungen von Achsenkategorien und deren Beziehungen zu anderen Kategorien (vgl. Flick 2004). Es stellt schließlich das Ergebnis der Forschungsarbeit dar. Konkretisiert und erläutert wird es im vierten Kapitel, welches sich mit der Auswertung befasst.

Selektives Kodieren meint die Ausarbeitung einer Kernkategorie und damit der Entwicklung einer gegenstandsbezogenen Theorie bzw. also einer ‚grounded theory'. Das Sampling zielt dabei vor allem auf die Verdichtung und die Konkretisierung ab und wird auch diskriminierendes Sampling genannt.

In der Arbeit kristallisierten sich zunächst drei Kernkategorien heraus:

- Curated Shopping als ganzheitlicher Prozess der Kunden Begleitung und Entlastung
- Der verunsicherte und eingeschränkte Kunde
- Curated Shopping zwischen Problemlösung und Handlungsdruck Erzeugung

Diese schienen auf den ersten Blick alle jeweils eine Forschungsfrage einzeln zu beantworten. Anfangs wurden damit vorerst drei Paradigmen erstellt. Drei Kodierparadigmen erwiesen sich vorerst deshalb als sinnvoll weil dadurch (a) die Fragen präzisier beantwortet werden konnten und (b) weil die Kategorien als gleichwertig und gleich wichtig für die Beantwortung der Forschungsfrage zu sehen sind. Entsprechend wurde jeweils die Kernkategorie in die Mitte des Paradigmas platziert, die die jeweiligen anderen Kategorien wurden nacheinander herangezogen und gemäß dem axialen Kodieren, das nach der Relation der Kategorien fragt, systematisiert. Diese sind im Angang auf S. 116 nachzulesen. Im weiteren Prozess stellte sich dann heraus, dass das Paradigma sich hinsichtlich der Forschungsfragen noch weiter verdichten ließ und so wurde schließlich eine Kernkategorie fokussiert:

> *„Curated Shopping als Ganzheitlicher Prozess der Kundenbegleitung und Entlastung".*

17 Hierbei wäre bspw. im Vergleich die wissenssoziologische Diskursanalyse nach Rainer Keller zu nennen, die einen bspw. anleitet strukturalisch zu denken.

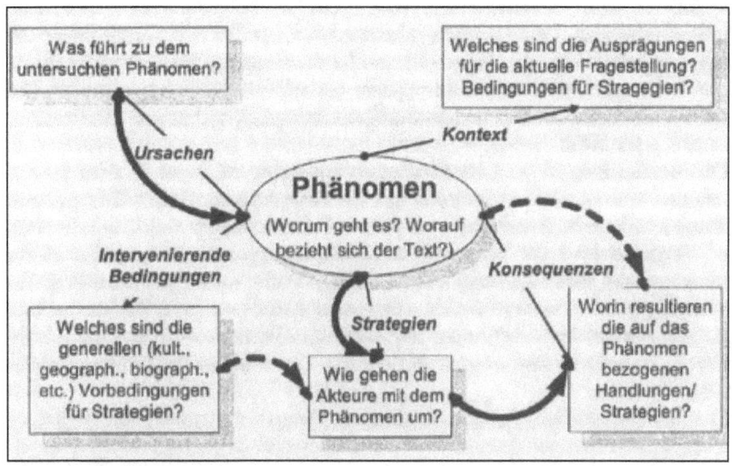

Abbildung 4: Kodierparadigma nach Strauss/Strübing 2008: 28.

Die Kategorie wurde schließlich mittels des Kodierparadigmas (Abb. 4) nochmals modelliert. D.h. Die Konsequenzen wurden ermittelt, indem danach gefragt wurde, worin die auf das Phänomen bezogenen Handlungen/Strategien resultieren. Die intervenierenden Bedingungen wurden herausgearbeitet um die auf die generellen (kulturellen, geo- und biografischen etc.) Vorbedingungen für Strategien herauszufinden. Die ursächlichen Bedingungen also was zum untersuchten Phänomen führt, musste herausgearbeitete werden und für die Strategien wird sich konkret angeschaut, wie der Akteur mit dem Phänomen umgeht. Schließlich wurde der Kontext angeschaut um die Ausprägungen für die aktuelle Fragestellung zu erkennen systematisch modelliert. Im Ergebniskapitel wird dies en Detail erläutert. Da die Grounded Theory Methodology besonders Memos als Gedächtnisstützen integriert, wurden in diesen die Beobachtungs- und Erfahrungsdaten protokolliert (vgl. Hirschauer 2001). Interviews werden mittels eines einfachen Transkriptionssystems verschriftlicht (vgl. Anhang S. 88) und anonymisiert (vgl. Rosenthal 2011: 93).

4 Zieh mich an! – Die Ergebnisse

4.1 Eine Frage der Darstellung

Die durchgeführte Grounded Theory Studie basiert auf drei empirischen Fällen (mit Interviewtranskripten sowie weiteren Interviews, die nur teilweise transkribiert wurden als auch Beobachtungsdaten und Protokollen, die kontextualisierend und validierend hinzugezogen werden (zum Überblick: Vgl. Kapitel 3 oder siehe Anhang)). Bei den Protokollen handelt es sich um Aufschriebe eigener Erfahrungen zu den Bestellungen, gesammelte Werbematerialien der Anbieter sowie Notizen zu nicht aufgenommenen Interviews als auch Eindrücken von Bestellungen und Begleitung des Empfangs der Bestellung bis zur Retoure verschiedener Akteure (speziell von Zalon & Outfittery Bestellungen). Die Frage, die sich in den folgenden Zeilen stellt, ist eine die sich auf die Darstellung der Ergebnisse bezieht. Dabei wird, gemäß des Kodierparadigmas, *eine* Kernkategorie in den Fokus gestellt anhand derer die Ergebnisse sodann nach den einzelnen Abschnitten des Paradigmas (d.h. den ursächlichen & intervenierenden Bedingungen, die Strategien, den Kontext und abschließend die Konsequenzen) dargestellt werden. Die Beantwortung der Forschungsfragen werden fallübergreifend mit Zitaten illustriert. Die Ergebnisse der Grounded Theory Methodology Auswertung gehen dabei auf die anfangs gestellten drei Forschungsfragen allgemein ein und werden anschließend im Fazit nochmal präzise und zusammenfassend beantwortet:

- *Aufgrund welcher Wissensbestände, Motive und Relevanzen werden Curated Shopping Angebote konsumentenseitig gesucht und genutzt?*
- *Inwiefern ist die Kuration eines Angebots eine Antwort auf die Bedürfnisse und Probleme des Handelnden?*
- *Welche Konsequenzen und Folgeprobleme ergeben sich aus der Entscheidung für ein kuratiertes Angebot?*

4.2 Zieh mich an! Curated Shopping als Begleitung & Entlastung

Abbildung 5: Kodierparadigma – CS als ganzheitlicher Prozess der Kundenbegleitung & Entlastung.

Die umfassende Grounded Theory Methodologie Auswertung der empirisch untersuchten Fälle förderte zu Tage, dass Curated Shopping insbesondere als Angebot wahrgenommen wird welches zwei zentrale Vorteile bietet: *1. Eine umfassend Begleitung* und *2. Eine Entlastung* (Abb. 5). Dies wurde als Kernkategorie in das Zentrum gesetzt. Die Zusammenhänge zwischen den einzelnen Kategorien und der zugehörigen Codes in Bezug auf die Kernkategorie sind in den nächsten Abschnitten, gegliedert anhand der einzelnen Elemente des Kodierparadigmas, zu lesen.

4.2.1 Ursächliche Bedingungen: Stil ist mehr als die Summe von Kleidungsstücken (Zum Wert von Zeit und Ästhetik)

> *„ok also im großen und ganzen geht es auch darum, dass ich bei Kleidungseinkäufen einfach verdammt faul bin und zusätzlich auch sehr, sehr wenig zeit habe bzw. finde auch keine Zeit sonst auch einfach mal ein, zwei Stunden irgendwo in Läden hinzufahren" (I2, Z. 21–24)*

Das Zitat aus dem zweiten Interview beschreibt, dass es dem Akteur erst mal offensichtlich um eine persönliche Eigenschaft geht, die er negativ konnotiert ausdrückt und die aussagt, dass er zu „faul" sei für Kleidungseinkäufe. Zusätzlich fehle ihm aber auch eine weitere wichtige Komponente: die „Zeit". Und damit lässt dies schon erahnen inwiefern die Kuration eines Angebots eine Antwort auf die Bedürfnisse und Probleme des Handelnden ist. Diese Interviewstelle ist keineswegs die einzige die immer wieder auf denselben Aspekt anspielt: Was für Kunden bzw. die Nutzer von Curated Shopping Angeboten bewusst oder unbewusst im Zentrum steht ist die Begleitung durch einen Kurator und damit eine einhergehende Entlastung durch diesen Dienst. Damit muss der Akteur nicht seine eigene Zeit investieren oder seine Faulheit überwinden. Grundsätzlich ist zu sagen, dass es sich bei dem Curated Shopping Angebot offenbar um das Bedienen einer Disposition handelt: Diese Disposition ließ sich als *„Ressourcenmangel"* rekonstruieren. Einkaufen hängt mit Ressourcen wie *Budget*, *Zeit* und so etwas wie Vorbereitung zusammen (letzteres ist als koordinierende Handlungskette beschreibbar). „Einkaufen" schildern die Akteure als eine Tätigkeit, die Ressourcen kostet. Der Ressourcenmangel ist unterschiedlich dimensioniert: Es kann um den Einflussfaktor Zeitmangel gehen, d.h. dem empfinden eines Mangels an Zeit. Andererseits ist die Zeitdimension auch mit persönlichen Zuschreibungen assoziiert wenn sich etwa „Faulheit", d.h. das ‚Sich selbst im Weg stehen' beim Zeitinvestment durchsetzt. Unabhängig davon ob der Zeitmangel schlicht konstatiert oder auf die eigene Person (und ihr Unvermögen) zurückgeführt wird, spielt Mobilität mindestens potenziell eine Rolle. Wenn der Akteur[18] es bereits als zu aufwendig empfindet überhaupt erst die Einkaufspraxis zu ermöglichen, dann hängt dies mit langen

18 In soziologischen Werken bedienen sich Autoren und Autorinnen teilweise willkürlich den Begriffen des Subjekts und des Akteurs. In meiner Arbeit nehme ich auf Kron & Winter wie folgt Bezug: Das Subjektverständnis stammt ursprünglich aus der Philosophie mit dem Hintergrund des Existenzialismus. Als die Soziologie der Philosophie entsprang, stellte sie dem Subjekt einen starken Begriff entgegen, der des Akteurs. In Anlehnung an Max Weber machte Alfred Schütz deutlich, dass der Akteur, bedeutend der Handelnde, mit seinem Handeln Sinn durch die intentionalen und reflexiven Zuwendungen verbindet und auf individuell gemachte und/oder sozial vermittelte Erfahrungen. Damit betont er die Mikroebene, die dieser Arbeit zugrunde liegt. (Vgl. Kron/Winter: 41 ff..) Mit der ‚Soziologisisierung' des Subjekts wurde in den Akteurstheorien das Handeln der Einzelnen in den Fokus gerückt, weshalb im Folgenden der Begriff des Akteurs verwendet wird.

Anfahrtsdistanzen zusammen. Bereits die Vorstellung, dass der sehr weite Weg, bspw. in die nächste Stadt, mit weiteren Unwägbarkeiten (keinen Parkplatz finden oder diesen sehr lange suchen müssen) verbunden sein könnte wirkt sich handlungshemmend aus. Die selbstkritischen und defizitbetonten Äußerungen („Faulheit", „Keine Lust" etc. Vgl. Interviewtranskript: 89 ff.) bezüglich der eigenen Einkaufspraxis finden sich aber auch an anderer Stelle: Das Kaufen von Kleidung ist etwas, das nicht unbedingt als Teil der persönlichen (sorglosen) Freizeit empfunden wird, sondern eigentlich als etwas, das als schlichte Notwendigkeit kategorisiert wird, als etwas, das erledigt werden muss.

> *„ich nehm' mir immer fest einen Tag in der Woche vor wo ich das [Kleidung einkaufen] erledigen möchte also es geht tatsächlich auch um, also mir macht das gar nicht immer so super viel Spaß sondern es geht auch um etwas was erledigt werden muss" (I 2: . 89 ff.)*

> *„[...]es wird mir halt die Arbeit abgenommen mich um das ganze Thema zu kümmern, dann bekomme ich es geschickt alles sehr sorgenfrei das einzige was ich dann machen muss ich probiers dann und machs in den Karton und schicke es wieder zurück" (I2: 101 ff.)*

Kleidungseinkäufe werden in den Interviews als eine Praxis beschrieben, welche „sich vorgenommen werden muss" und die nicht „super viel Spaß" macht. Dabei sind die Beschreibungen zum Curated Shopping Dienst oft mit Adjektiven wie „sorgenfrei", „leicht" oder „einfach" verknüpft. Es zeigt sich, dass das Einkaufen als Praxis gedeutet wird die zum Teil wenig Spaß und bereitet und die Möglichkeit, das Kleidung geschickt wird, schon eine Entlastung mit sich bringt. Interessanterweise ist Einkaufen aber auch nicht einseitig als „notwendiges Übel" konstruiert, vielmehr besteht bei den Akteuren bereits eine latente ‚Bedürftigkeit' (Kategorie 2). Sich für ein Kleidungsstück oder ein Set an Kleidungsstücken zu interessieren hängt auch mit einem Potenzial zusammen – einem gewissen Bedürfnis Kleidung haben zu wollen das höchstwahrscheinlich nicht vollends bewusst ist, sondern durch die Curated Shopping Vorschläge stimuliert wird:

> *„da waren auch immer mal Sachen so dabei da dachte ich so ‚cool das habe ich jetzt gar nicht erwartet' war ne Alternative zum Hemd war ein T-Shirt was perfekt gepasst hat und das habe ich dann halt behalten obwohl ich es eigentlich nicht vor hatte" (I2: 101 ff.)*

So erkennt der Akteur in dem Moment in dem ein Produkt angezogen wird und es als tragbar, überzeugend etc. evaluiert wird, dass es gefehlt hat. Der Inhalt des Pakets des Curated Shopping Anbieters produziert bzw. stimuliert damit durchaus auch Bedürfnisse die als solche nicht bewusst waren. Das Bedürfnis entsteht in dem Moment in dem ein Kleidungsstück da ist, das sogleich die emergierte ‚Leerstelle' füllt. Andere Formen der Bedürftigkeiten sind in den Fällen weniger latent zu als betrachten: Ganz pragmatisch wird ein Teil auch einfach gebraucht, a) weil es als beschädigt, verschlissen etc. betrachtet wird oder b) gar nicht erst im Repertoire war. Zudem lässt sich zu Bedürftigkeit auch die Neugier auf etwas Neues und die Lust zu experimentieren zählen. In diesem Zusammenhang dokumentiert sich auch bei den Akteuren eine Unterscheidung zwischen Bedarf und Bedürfnis, die beim Einkauf zum Tragen kommt.

> *„also ich hab mir da halt gedacht ich könnte mal wieder was Neues gebrauchen oder bräuchte mal dringend was oder will grad was also einfach ein neues Hemd oder eine Hose oder Sakko oder Gürtel oder irgendwas was so dazu passt" (I2: 101 ff.)*

Etwas zu brauchen oder etwas Neues zu wollen wird hier als Begründung für die Nutzung von Curated Shopping Diensten eingesetzt. Allerdings muss dies dann nicht zwangsläufig direkt zu einer Suche für einen Curated Shopping Dienst führen. sondern es könnte sich auch einfach erst um eine Begründung handeln einkaufen zu gehen. Dabei beschreibt der Akteur, dass er sowohl neue Kleidung ‚braucht', ‚bräuchte' oder ‚will' als auch und v.a. ‚passende' Ergänzungen zu bisherigen Kleidungsstücken die sich einfügen. Darin manifestiert sich die ‚latente Bedürftigkeit'. Die Aneinanderreihung von erst ‚brauchen', dem entkräftenden ‚bräuchte' hin zu ‚wollen' scheint eine Schritt-für-Schritt-Realisierung davon, dass es schließlich nicht um ‚brauchen' geht sondern tatsächlich um ein ‚wollen' von neuen Kleidungsteilen. Allerdings scheint hier das Verb „passen" bzw. etwas was zu den eigenen Kleidungsstücken spezifischer für den Curated Shopping Dienst zu sein, da es den eigenen *Ressourcenmangel* der fehlenden *Zeit* oder der eigenen *Faulheit* überspringt und mit einer Dienstleistung überbrückt und etwas Passendes für einen sucht.

Eine weitere wichtige Ursache für das aktive Suchen nach ‚individuellen' angemessenen Zusammenstellungen (Kategorie 7) liegt in der Fixierung auf ‚Stil'. Stil und ‚gut' gekleidet zu sein, zumindest das was der Akteur darunter versteht, ist offenbar keine bloße Zusammenstellung von einzelnen Kleidungsstücken, etwas, das nur dazu dient angezogen zu sein. Die Akteure haben in diesem Falle eine diffus in der Welt lokalisierte Vorstellung davon was es heißt ‚Stil' zu haben oder auch ‚modisch' gekleidet zu sein. Diese Vorstellung ist in zweierlei Hinsicht ausgeprägt: Zum einen geht es um *Zugehörigkeit zu anderen Gruppen* (bspw. Vergemeinschaftungsformen wie Szenen) und zum anderen um eigene Detailpräferenzen bzw. Arrangements von Details die als stilvoll erachtet werden. Wenn es um Zugehörigkeit geht dann, so zeigt das Material, wird auf einen „konjunktiven Erfahrungsraum" im Sinne Karl Mannheims angespielt aus dem heraus Details gesichtet und bewertet werden (Vgl. Mannheim 1964: 104):

> *„[...] beispielsweise viele Retroschuhe sehen ja nur ansatzweise aus wie das Original haben aber Details die für Kenner und damit möglicherweise für mich sofort als ein Retroschuh erkennbar sind [...] ja für mich ist das wichtig" (I1: 87)*

Dabei ist das Spezifikum der konjunktiven Erfahrungsräume, dass deren Mitglieder wesentliche Aspekte einer gemeinsamen Weltanschauung teilen und damit auch auf ähnliche Wissens- und Erfahrungsstrukturen zurückgreifen, was sie verbindet. Damit werden auch Präferenzen und Wertschätzungen zu bestimmten Stilen und Ästhetikvorstellungen geteilt und wechselseitig reproduziert. An dieser Stelle – bei der Referenz auf einen gruppen- oder szenespezifischen Erfahrungsraum – ist tatsächlich ein wichtiges Moment für den potenziellen (Miss-)Erfolg der Curated Shopping Beratung ablesbar. Denn: Wenn der Curated Shopping Anbieter, um diese Präferenzen bzw. den Status modischer Details innerhalb spezifischer Ästhetiken nicht weiß, wird es schwierig ein positives Verkaufserlebnis zu erzielen. Wenn Curated Shopping allerdings weniger mit dem szeneorientierten Zugehörigkeitsmotiv verknüpft als Dienst nachgefragt wird, der eine Auswahl für bestimmte Outfits zu bestimmten Anlässen zu unterbreitet, um angemessen und stilvoll gekleidet zu sein, dann scheint der Weg für ein positives Kauferlebnis geebnet.

Für den dritten Interviewten ist die Individualität insofern von Bedeutung, dass er sich selbst zuschreibt Stil und Geschmack haben zu müssen, da diese als diffuse gesellschaftsseitige Anforderung begriffen wird. Es wird irgendwie gefordert, und auch der Wille ist dazu da. Aber es kann offensichtlich nicht in Handlungen umgesetzt werden:

> *„[...] so ein gesellschaftlicher Blick der so ist für mich nicht Mode, das hat was für mich mit Angemessenheit zu tun und weniger individuellen Ausdruck also*

da sind andere viel stärker als ich, also ich brauche mich nicht durch Mode also... da finde ich nicht mehr zu mir oder kann mich darin auch nicht verwirklichen wie andere also da glaube ich zumindest nicht dran [...]" I3: S4:Z123

Dabei werden Worte wie „Mode" oder „individueller Ausdruck" auch unterschiedlich verwendet daran zeigt sich Diffusität und Uneindeutigkeit. Ebenso wird darauf verwiesen, dass ‚andere' viel stärker darin sind mit modischem Bewusstsein zu agieren und die eigene ‚Verwirklichung' mit Mode – das eigene Selbst – auszudrücken. Es artikuliert sich, dass ein gewisser Druck zur individuellen und stilvollen Performance wahrgenommen wird oder dieser zumindest als etwas imaginiert wird zu dem man sich verhalten muss.

Somit führen die ursächlichen Bedingungen also *(a) der Ressourcenmangel* und *(b) Stildifussität* zu einer Konfliktsituation: Einerseits ist Stil schwer zu fassen, andererseits könnte dies behoben werden, durch das investieren der Ressourcen. Dadurch, dass die Ressourcen wie Zeit, Mobilität aber fehlen, führt das zum Phänomen eines verunsicherten Akteurs. Dieser ist dem Druck ausgesetzt aufgrund der fehlenden Ressourcen nicht dem Imperativ des gut und angemessen ‚Gekleidetseins' nachkommen zu können ist.

4.2.2 Intervenierende Bedingungen – „ich & die anderen, die anderen & ich?"

Die intervenierenden Bedingungen, d.h. die generellen (kulturellen, geografischen etc.) Vorbedingungen für die Strategien, beziehen sich auf die erste Forschungsfrage: *aufgrund welcher Wissensbestände, Motive und Relevanzen welche Angebote konsumentenseitig gesucht und unterschieden werden.* Diese Vorbedingung führen zu den Strategien des Konsumenten die Aufschluss darüber geben (entsprechend der zweiten Forschungsfrage) *inwiefern die Kuration eines Angebots eine Antwort auf die Bedürfnisse und Probleme des Handelnden* ist.

Dazu zählt vor allem der Akteur als gleich mehrdimensional (nicht nur auf Stil und Ressourcenmangel bezogen) verunsicherter Kunde: Bei ihm dokumentiert sich ein starkes Überforderungsgefühl, das sich aus unklaren Handlungsorientierungen ableitet: So sorgen mitunter widersprüchliche oder unüberschaubare Kleidungscodes, die im Material als branchen-, geschlechts- und zeitspezifisch konstruiert sind, dafür, dass nur eine Präferenz für ein Kleidungsstück zu entwickeln bereits problematisch ist. Soziologisch deutbar ist dies auch als Symptom einer Gesellschaft in der man meint aus einer unüberblickbaren Masse an Möglichkeiten nicht wählen zu können aber das Gefühl zu haben es zu müssen (Siehe auch ausführlicher im Kapitel Kontext). Solche Anforderungen an die Akteure führen zu Strategien, die das Problem in seiner Komplexität reduzieren oder zumindest handhabbar machen. Eine Strategie dazu scheint das ‚Outsourcen' einer Entscheidung zu sein und der Dienst, der die Entscheidung abnimmt und als Ergebnis ein Set zusammengestellter (den Dresscodes entsprechender) Optionen liefert, ist entsprechend das Curated Shopping. Dieser soll vor allem den ‚inneren Konflikt' zwischen dem eigenen Verständnis von Stil als auch dem was in der Gesellschaft gefragt ist abgleichen und ‚angemessen' ausgleichen:

> *„[...] das hat auch was damit zu tun, mit dem eigenen Verständnis. Aber es ist Situationsabhängig und ja ich finde die Situation also der Status in der Gesellschaft also dem man sich mehr oder weniger angemessen zuschreibt oder der von anderen zugeschrieben wird das hat irgendwie (Pause) deswegen das ist nicht mein Blick auf Mode" (I3: 108 ff.)*

In diesem Zitat beschreibt der Akteur sein eigenes Verständnis von Status in der Gesellschaft. Sein Beruf bspw. und die dadurch bedingte Situationsabhängigkeit verweist schließlich auf das was man zu tragen hat (bspw. in einer Bank einen Anzug oder in einem Frieursalon etwas legeres). Diese Erwartungserwartungen ‚der Anderen' angemessen gekleidet zu sein, beschreibt der Akteur als wichtig. In Differenz dazu beschreibt er allerdings Mode. Dies ist für ihn etwas anderes als rein angemessen gekleidet zu sein und modisch gekleidet zu sein ist den Angemessenheiten auch als Priorität untergeordnet.

Die Strategien des Akteurs richten sich auf einen ‚inneren Konflikt'. Zum einen nimmt der Akteur durch den beschriebenen Kontext, in dem Stil als wichtig beschrieben wird, sein Defizit wahr, selbst keinen Geschmack zu haben: Der Abgleich zwischen dem wie es sein sollte, d.h. wie ‚die Gesellschaft' es zu fordern scheint und dem Selbsturteil des Akteurs bringt die Verunsicherung soweit voran, dass offenbar Handlungsdruck entsteht. Hier bahnt sich der Wunsch eine Beratungsinstanz auszusuchen die individuell auf die eigenen Bedürfnisse eingeht. Auffällig ist, dass offenbar unter Beibehaltung von Orientierungen des „Offline Kaufverhaltens", d.h. in ein Kleidungsgeschäft zu gehen und sich Beratung zu suchen, auf Online Lösungen zugegriffen wird. Der Weg zu Outfittery ist verbunden mit denselben Ansprüchen, eine Beratung zu bekommen wie in Kaufhäusern. Durch diese Handlung wird ersichtlich, dass die mutmaßliche suggerierte Freiheit, die durch das Onlineangebot und die vielfältigen Möglichkeiten alles jederzeit zu bekommen, umschlägt in eine Überforderung.

4.2.3 Strategien – Und jetzt? Outsourcen: Zieh mich an!

Den empfundenen Ressourcenmangel als auch das Gefühl der Verunsicherung versucht der Akteur schließlich in Strategien des Umgangs (mit dem Defizit und der Verunsicherung) umzuwandeln. Damit gehen die Strategien, ausgehend von den intervenierenden Bedingungen, auf die zweite Forschungsfrage über: *Inwiefern ist die Kuration eines Angebots eine Antwort auf die Bedürfnisse und Probleme des Handelnden?* Konkret bedeutet das, dass der Akteur und damit der angehende Nutzer eines Curated Shopping Dienstes, versucht diese Verunsicherung zu lösen indem er das Problem, also die Entscheidungsfindungen und den Ressourcenmangel ‚outsourct' und dabei speziell die Suche nach einer Problemlösung richtet d.h. nach einem vertrauenswürdigen Anbieter. Dieser wird nachfolgend als ein solcher deutlich, der ‚zur Seite steht' und gleichzeitig die nötige Expertise mitbringt.

> *„und dann habe ich irgendwie mal angefangen im Internet mal zu gucken nach Outfits was mir auch so gefallen würde [...] und dann stößt du halt auf mehrere Seiten wie halt auch Outfittery I.2: Z. 24–27)*

Das Internet tritt als Option für eine präferenzbezogene aber unsystematische Suche nach Outfitangeboten in Erscheinung, die anfangs leicht zu handhaben scheint. Der Curated Shopping Dienst, in diesem Falle Outfittery wird als eine Option unter mehreren im Internet beschrieben. Für den Kunden steht bei der Entscheidung eine nutzerfreundliche Eingabe im Vordergrund. Der Kunde tritt durch die Onlinemaske in Interaktion mit einem Curated Shopping Dienst. Konkret bedeutet dies, dass der Akteur zunächst (nach einschlägiger Recherche und dem Entscheiden für einen Dienst) auf die jeweilige Homepage des Anbieters (in diesem Beispiel Zalon von Zalando) geht und sich mit seiner Mailadresse einen Account zulegt. Anschließend und nachdem die Mailadresse bestätigt ist, kommt der Nutzer auf eine Seite mit personalisiertem Profilrahmen den es mit Daten zu füllen gilt v.a. um den jeweiligen Stil ein- bzw. auszugrenzen (Abb. 6).

Abbildung 6: Zalon Profilmaske.

Stilpräferenzen einzugrenzen bedeutet, seinen (möglicherweise nicht vollends reflektierten oder beschreibbaren) Stil anhand von Beispielbildern auswählend zu verorten. Im nächsten Schritt wird der Stil spezifiziert indem der Kunde aufgefordert ist, seinen Lieblingsmarken, bestimmte Schnittformen sowie Farben, Größen und Preisvorstellungen anzugeben. Des Weiteren gibt es dann verschiedene Schritte die gemacht werden je nach Anbieter. Bei Zalon kann beispielsweise ein Kurator, welcher sich durch einen Steckbrief mit Foto und kurzen Daten ausweist, ausgesucht werden.

Abbildung 7: Pinterestprofil der Kuratorin.

Dabei scheint es fast als ‚bewerbe' sich der Kurator auf eine Stelle als persönlicher Stilberater des jeweiligen Kunden. Wenn man weiter auf ‚Mehr Infos' klickt, wird man zu einem ausführlichem Profil des Stylisten weitergeleitet auf dem ein größeres Foto zu finden ist, zudem eine Verknüpfung zur Bilderplattform ‚Pinterest' vorzufinden ist. Auf diesem Profil (Abb. 7), hat man Zugriff auf zusammengestellte Outfits der jeweiligen Kuratorin, welche der Akteur sodann eigens mit seinem Stil abgleichen kann. Evoziert wird auf diese Weise, dass der Stylist für den der Kunde sich entscheidet ähnliche Ansichten von Stil vertritt wie er selbst – der Interviewte empfindet dadurch eine Zuversicht mit der schließlich das Paket auch erwartungsvoll verknüpft wird. Bei Outfittery hingegen bleiben die Kuratorinnen anonym und melden sich per Mail oder Anruf beim Kunden. Deutlich wird bei den Anbietern, dass es ein Kommunikations-, Personalisierungs- und Inszenierungsspektrum gibt, das bei der absoluten Transparenz (mit dem Erscheinungsbild einer Bewerbung) anfängt und bei einer starken Anonymität aufhört. Teilweise wird nicht mehr als der Name des Kurators mitgeteilt.[19] Zieht man zum Vergleich andere Dienste heran, die ebenfalls kuratierte Angebote anbieten, allerdings nicht Kleidung sondern

19 Im Anhang finden sich weitere Beispiele jeweiliger Curated Shopping Dienste die in der Einleitung auch schon Erwähnung fanden.

bspw. Kosmetik oder Lebensmittel, spielt der Kurator als Person weniger bis gar keine Rolle. Hier steht dann der Hersteller im Fokus wie bspw. die Gründer einer Brauerei (Vgl. IPA Punk in der Foodist Box) oder die Inhaltsstoffe bei Kosmetik (Vgl. bspw. Skinbiotic). Es scheint weniger wichtig wer, wie und mit welcher Expertise ein Paket zusammengestellt hat. Interessanterweise spielen diese Bedingungen im Kleidungskontext von Curated Shopping – bspw. wo die unterschiedlichen Marken im Sortiment produzieren – keine Rolle, es stehen die Kuratorin und die Expertise im Fokus und nicht das Kleidungsstück. Der Kunde kann allerdings in diesem Falle nur erahnen mit wem er es tatsächlich zu tun hat, also ob es die ausgesuchte Kuratorin wirklich gibt oder ob dies zu Inszenierungszwecken eingesetzt wird.

Lieber

ich bin Desiree, Ihr persönlicher OUTFITTERY Stylist. Wie schön, dass Sie sich für unseren Service entschieden haben und wir beide uns ab jetzt gemeinsam um Ihren Kleiderschrank kümmern.

Ich freue mich schon darauf, Ihre erste Box zusammenzustellen - denn mit der beginnt unsere gemeinsame OUTFITTERY Reise! Ich werde Ihre Box im Anschluss an folgende Adresse schicken:

Adresse ändern
http://l.mybox.outfittery.de/rts/go2.aspx?t=59168&tp=i-23-Cd-2fx-3lEtP-1n-GOpL-1c-1Mbm

Ich bin schon gespannt darauf, wie Ihnen die Outfits gefallen.

Viele Grüße,
Desiree

P.S. Sie würden mir sehr helfen, wenn Sie vorab noch ein Foto von sich in Ihrem Profil hochladen.

Jetzt Foto hochladen
http://l.mybox.outfittery.de/rts/go2.aspx?t=59169&tp=i-23-Cd-2fx-3lEtP-1n-GOpL-1c-1Mbn

Abbildung 8: Outfittery Kuratorinnen Mail.

Zurück zu den weiteren Schritten des Bestellvorgangs: Ist alles ausgefüllt und hat der Akteur sich einen Stylisten ausgewählt, dann kann der Akteur die Box mit den baldigen individuell zusammengestellten Outfits anfordern bzw. sein Profil vorab noch um eigene Beispielfotos, exemplarische Bilder von Schauspielerinnen, der eigenen Person oder andere Outfitvorstellungen etwa, ergänzen oder auch auf unterschiedlichem Wege (per Mail, automatisierten Buttons oder Telefon) immer Rücksprache mit der Kuratorin halten. Die Bestellung kann schließlich auf unterschiedlichen Wegen erfolgen.

Entscheiden kann der Nutzer die Bestelloption anhand in Aussicht gestellter Kommunikations- bzw. Interaktionsformen. Wenn der Kunde wissen möchte, wie der Inhalt eines Pakets aussehen könnte, kann er sich vorab Outfits ansehen bzw. zusammenstellen lassen und er bekommt schließlich eine Mail mit Vorschlägen des Kurators. Der Nutzer kann auch über die Onlinemaske direkt über den Button „Nachricht schreiben“ mit dem Stylisten per Email in Interaktion treten oder auch persönlich telefonieren.

Die schnellste Variante stellt die Bestellung anhand der Profilangaben dar, bei der nichts weiter gemacht werden muss um die kuratierte Box anzufordern. Zwar scheint es erstmal einfach sich durch die Masken zu klicken allerdings muss hier auch eine nötige Kompetenz erforderlich sein, die es möglich macht, alles passend genau auszufüllen, um ein möglichst passendes Ergebnis zu erzielen. Dies benötigt auch Zeit, diese Zeit scheint aber erstmal einfacher zu investieren als die Zeit die benötigt wird, irgendwo hinzufahren und selbst auszusuchen und einzukaufen. Ist die Bestellung aufgegeben, bekommt man die Email Nachricht des Kurators mit einer Bestätigung und den Hinweis einer weiteren Informationseingabe, um die Box so individuell und passend wie möglich zu gestalten. Dieser Aufforderung kann aber muss der Akteur nicht folgen. Nachdem die Zusammenstellung seitens des Anbieters bzw. des jeweiligen Kurators erfolgt ist, bekommt der Akteur wieder eine Nachricht, dass die Bestellung auf dem Weg ist. Insofern wird der Bestellvorgang und -fortschritt kommunikativ dokumentiert und für den Kunden nachvollziehbar aufbereitet. Wenn die Box per Lieferdienst angekommen ist, darf der Nutzer sich sieben Tage Zeit lassen die Outfits anzuprobieren und zu entscheiden was er davon behalten will und was nicht. Es folgt sodann der Anprobier- und Entscheidungsprozess. Dabei scheint ebenfalls ein Spezifikum der Onlinevariante zu sein, dass ein Komplettpaket mit Auswahl vor allem nach Hause in die eigenen privaten Räume geschickt wird.

> *„[...] macht schon mal einen Unterschied [zum Offlinekauf], dass die Ware nach Hause geliefert wird. Das verändert für mich das Setting insofern, dass ich [...] mir mehr Zeit dafür nehme mich damit zu beschäftigen weil ich bin in meinen eigenen vier Wänden es gibt [...] bestimmte Rahmenfaktoren nicht, beispielsweise der oder die Kundin die eigentlich auch in die Kabine möchte, es gibt auch sonst irgendwie keine Augen die auf mir Ruhen die mir irgendwie Unwohlsein erzeugen.“ (I1, 89 ff.)*

Damit ein Exkurs: Das ‚Nach Hause schicken' und damit der Vorteil des Anprobierens in einer gewohnten Umgebung erscheint für den Akteur (ebenfalls neben Zeit und Ressourcen) eine entlastende Funktion zu haben. Er kann sich hier auf die Inhalte des Pakets einlassen und nach seinem Empfinden von Zeit anprobieren ohne das Konkurrieren um eine Umkleidekabine. Dabei hat er ebenfalls sein Zuhause als einen ‚größeren Raum' für den er nicht in der Warteschlange eines Geschäfts anstehen oder sich nach den Öffnungszeiten richten muss. Dabei wird in den Beschreibungen immer wieder eine Differenz zwischen Online und Offline erzeugt. In Bezug auf den Prozess des Zuhause Anprobierens wird die Differenz zu Umkleidekabinen bspw. im realen Kaufhaus aufgemacht in der der Nutzer sich in den Umkleidekabinen aufgrund von Platzmangel, anderen Menschen etc. unwohl fühlt. So wird der Onlinebereich durch das Bestellen der Kleidung nach Hause in den privaten Raum bzw. in die private Lebenswelt wie das Schlafzimmer in dem sich umgezogen wird, integriert. Grundsätzlich basiert der Akt des Anprobierens Zuhause in diesem Fall auf einem Onlinebestellprozess. Durch diese Praxis wird die vermeintliche Differenz zwischen On- und Offline erzeugt und aufrechterhalten.

Dabei ist das Schicken von Kleidung in die privaten Räume kein neues Phänomen, wenn an die 1990er Jahre gedacht wird, in denen Kataloge von Quelle, Otto oder Neckermann das Warenhaus für Zuhause darstellten (Vgl. Giesberg: 2009). Die Kommunikation zwischen Anbieter und Nutzer ist in beiden Fällen (dem des CS und dem der klassischen Katalogbestellung) nicht an physische Kopräsenz gekoppelt, sie läuft über eine Distanz ab. Interessant ist aber, dass im Falle von CS akteursseitig eine Differenz von Offline- und Onlinewelt erzeugt wird und CS als innovative Bereicherung konstruiert wird, die historisch betrachtet aus der Hinsicht des ‚Nach Hause Bestellens' keineswegs neu ist. Im Fall von Curated Shopping zeigt sich aber, dass diese Praxis offenbar dazu führt, dass permanent die Differenz von Offline-Realität („im Kaufhaus") und jener, die durch die Virtualität der Plattform erzeugt wird, produziert wird – ohne, dass der klassische Katalogeinkauf als bereits bestehende oder gar veraltet gewordene Dienstleistung im Relevanzraum oder Bewertungssystem thematisiert würden. Hier wird insofern eine Innovation markiert, die wie beschrieben, historisch im Hinblick auf die Fernkommunikation nicht grundlegend neu ist – Dabei zeigt diese Verengung der Komplexität des nach Hause Schickens, dass Internetphänomene möglicherweise dazu anleiten Neuheit zu unterstellen und Errungenschaften der „analogen Welt“ in den Hintergrund rücken zu lassen. Es überrascht, dass die Innovation des Zusammenstellens von persönlichen Outfits in diesem Argument der Akteure offenbar nicht relevant gesetzt wird.

Ebenfalls interessant ist hier, dass kulturpessimistische Annahmen zur vermeintlichen Unpersönlichkeit des Internets (Vgl. Thimm 2013) eine Absage erteilt wird, vielmehr wird beim CS deutlich, dass die Onlinewelt offenbar dafür sorgt, dass Einkaufen zu einer sehr viel privateren und persönlichere Offline-Realität wird, die sogar bis ins eigene Schlafzimmer hineinwirkt. Aus der rekonstruierten Perspektive ist das Offline-Kaufhaus ein Ort jenseits von Zuhause und Privatheit, indem man eben keine Lust hat sich Umzuziehen. Das Zuhause wird durch Vorgänge im Onlinebereich, im Curated Shopping Verfahren, zum Umkleideort, der eben als bessere Alternative zum Kaufhaus wahrgenommen, wird. Er wird persönlich und emotional als Ort aufgeladen, als Ort an dem man sich wohl fühlt und an dem man sich für die Produktauswahl gerne Zeit lässt.

Ebenfalls wird hier deutlich, dass es im Vergleich Online und Offline eine Verschiebung hinsichtlich der Zeitlichkeit von Beratung und Entscheidung der Akteure stattfindet. Beim Curated Shopping findet die Beratung als auch die Selektion im Vorfeld statt wohingegen im Kaufhaus die Beratung (wenn sie nicht von Beginn an stattgefunden hat) zumeist erst relevant wird, wenn der Akteur die Kleidung anprobiert. Der Nutzer des Curated Shopping Diensts hat damit eine geringere Auswahl muss sich aber erst dann wenn das Paket vor ihm liegt eigenmächtig entscheiden was ihm steht und was er behalten will. Im Kaufhaus kann die Beratung währenddessen helfen und die Auswahl (was in die Kabine genommen wird) beruht im Vorfeld auf der eigenen Entscheidung einer großen Auswahl an Produkten. Die Entscheidungsfindung wird dann mit der Beratung während der Anprobe getroffen. Das Phänomen der Grenzziehung zwischen On-/Offlinewelt taucht wiederholt auf und wird genauer beschrieben im Unterkapitel 4.2.5. das sich mit den Konsequenzen beschäftigt.

Abbildung 9: Zalon Outfit.

Zurück zur Bestellung: Das Paket kommt ebenfalls in einer designten, großen Box, bei der der Hersteller ersichtlich wird. Wenn es geöffnet wird, werden geordnet und zusammengeschnürte Outfits ersichtlich neben einem persönlich adressierten gedruckten Brief als auch der Rechnung und Werbegutscheinen von anderen Onlinehändlern.

Wenn die Produkte angeschaut, anprobiert (Vgl. Abb. 9) und über alles entschieden wurde, kann das, was nicht behalten werden soll, zurückschickt werden. Dafür füllt man, wie bei anderen Onlinebestellungen häufig auch, den Fragebogen mit der jeweiligen Begründung eines Nichtkaufs aus und kann die beiliegenden Retourenscheine reinlegen und den Versandzettel auf die Box kleben. Falls ein Kleidungsstück nicht in der richtigen Größe ankam, etwas nicht passt, eine andere Farbe gewünscht wird oder etwas Ähnliches angefordert werden soll, kann man dies der Kuratorin mitteilen und bekommt es anschließend nochmal zugesendet. In den Interviews wird allerdings deutlich, dass gerade das wieder Zeit kostet, die nicht investiert werden will. Deshalb scheint das Passen der Inhalte einer Box also was Stil, Größe etc. angeht auch wichtig zu sein und dementsprechend genau soll auch im Vorfeld alles ausgefüllt werden um das zu vermeiden. Wenn die Box wieder beim jeweiligen Anbieter ankommt und registriert wurde, was behalten und zurückgeschickt worden ist, bekommt der Nutzer die Rechnung die innerhalb von 14 Tagen zu zahlen ist. Damit ist die Dienstleistung jedoch nicht beendet: Die Kuratorin fragt nach Feedback und meldet sich per Mail oder per Telefon, je nachdem wie es im Profil angegeben ist. Erst damit ist der erste Bestellzyklus beendet und abgeschlossen. Das Verschwimmen von On- und Offlinegrenzen findet auch hier wieder statt, zwischen ‚realen' Personen die anrufen und einer unpersönlichen als auch standardisierten Kommunikation via Mail.

```
Lieber ██████████

ich hoffe, dass Ihnen die Outfits gefallen haben?

Damit Ihre Outfits von Box zu Box besser werden, würde ich mich über ein kurzes
Feedback sehr freuen!

Schicken Sie mir Ihr Feedback einfach per E-Mail oder tragen Sie es hier ein:
http://1.mybox.outfittery.de/rts/go2.aspx?t=77824&tp=i-23-Cd-24p-40mI5-1n-H0Z1-1c

Ich bin gespannt! Vielen Dank im Voraus!

Viele Grüße,
Melissa

Melissa Krone
Stylist

OUTFITTERY GmbH
Leuschnerdamm 31, 10999 Berlin
Tel.: +49 30 46722431
E-Mail: stylist@e.outfittery.de
```

Abbildung 10: Feedbackabfrage Outfittery.

4.2.3.1 Curated Shopping als Freund, Experte & Nervensäge

Der Anbieter fungiert jedoch nicht nur als ‚proaktiv reagierender ‚Kundenantizipator' sondern auch als personalisierter und moderierender Experte' (Kategorie 3). Die Produktselektionsaushandlung zwischen Anbieter und Nutzer beginnt beim Registrieren auf der Webseite und wird ab diesem Zeitpunkt begleitet. Während des Bestellprozesses und auch noch über den beendeten Kaufprozess hinaus stimmt sich der Anbieter mit dem Nutzer ab und umgekehrt. Dabei wird die Kontaktaufnahme seitens des Anbieters immer wieder initiiert um Präferenzen abzugleichen. Wie oben beschrieben ändert sich dadurch das Beratungsverhältnis. Noch vor der eigentlichen Bestellung und beginnend mit der Anmeldung auf der Plattform, liegt der Fokus auf einer Stilfindung bzw. auch Aushandlung hinsichtlich dessen was der Nutzer sich vorstellt oder wünschen könnte und damit wird im Vergleich zur idealtypischen Beratung im Kaufhaus nicht nur eine Verschiebung in der Beratung deutlich sondern auch eine Entschleunigung des Kaufprozesses vorgenommen. Es treten im Vergleich zur Situation im Kaufhaus vor Ort und der Situation des Bestellens unterschiedliche Zeitlichkeiten ein. Vor Ort beginnt beim Betreten des Geschäfts (idealtypisch) die Beratung. Dabei leitet die Beraterin den Kunden bis zum Bezahlvorgang bzw. bis er das Geschäft wieder verlässt. Während des Anprobierens schaut sie nach einer anderen Größe, vielleicht nach etwas anderem was noch zum Outfit passt oder spricht mit dem Kunden über das was er anhat. Nach dem Anprobieren muss der Kunde sich allerdings ad hoc entscheiden ob er etwas kauft oder ob er es im Geschäft lässt. Beim Curated Shopping hingegen wird genau dieser Moment nach Hause verlagert in gewohnte Umgebungen ohne Zeitdruck etwas kaufen zu müssen. Der Akteur kann es sich zu einem späteren Punkt nochmal anschauen, kann es Freunden zeigen oder einfach vor dem eigenen Spiegel in Ruhe und ohne Druck einer Beraterin begutachten. Die Leistung der Beraterin im Kaufhaus (‚Beraten', während der Kunde in der Kabine ist) wird im Curated Shopping Prozess zu integrieren versucht indem dies *entweder vorgelagert* wird durch die Fragebögen (eben um zu verhindern, dass etwas zurückgeschickt werden muss, also in einer neuen Größe etc.). *Oder* es wird dies *parallel* durch Chatfunktionen auf der Webseite zu kompensieren versucht. Letzteres kann (als dritte Option) aber *auch nachgelagert* eingesetzt werden um noch passendere Ergebnisse zu erzielen denn in dem Prozess wird ebenfalls erfragt inwiefern die Vorstellungen getroffen wurden und was besser zu machen ist. Des Weiteren werden Anrufe, Emails und Benachrichtigungen zur Aktualisierung des Profils permanent an den Nutzer gerichtet. Beispielsweise rufen Stylisten an wenn eine Jahreszeit sich ändert und die ‚Sommergarderobe' erneuert werden soll es wird zudem auch nach spezifischen Veränderungen des Körpers gefragt oder persönlichen Stiländerungen:

> *„ja und wenn du dann mal ein Paket bestellt hast, dann bekommst du in regelmäßigen Abständen ja eine Email oder auch mal eine SMS oder so in denen sie dich halt darauf hinweisen und fragen ob du mal wieder gern ein Paket haben möchtest" (I 2: Z. 36–38)*

> *„wie gesagt, du wirst ja auch vorab immer mehrfach kontaktiert, die fragen in welche Richtung es geht grundsätzlich, müssen sie ja fragen, du weißt ja nie ob man sich im Stil geändert hat oder ob es Sommer oder Winter ist oder auch ob man zugenommen oder abgenommen hat oder so" (I2: Z. 71–74)*

So wird nach Ende der ersten Bestellungen regelmäßig durch Emails oder Telefonanrufe nach Wünschen gefragt oder auf neue Angebote aufmerksam gemacht. Der Interviewte begründet dies auch als eine Notwendigkeit da für ihn Stil nicht als Konstante beschreibbar ist sondern sich mit körperlichen und saisonalen Gegebenheiten wandeln kann und dies ebenfalls eine individuelle Beratung erfordert. Dabei wird deutlich, dass der Kontakt nicht durch die Nutzer forciert wird sondern wieder vom jeweiligen Anbieter aktiv ausgeht. Dies geht über die persönliche Beratung im Kaufhaus auch hinaus, in der der Prozess ab dem Zeitpunktbeendet ist, an dem der Kunde das Geschäft verlässt.

„du bekommst ja ab und an Erinnerungen per Email oder wenn das nächste Paket kommt fragen sie ob also ‚kann ich das besser machen?' hat sich dein Stilgeändert, in welche Richtigun sollen wir wieder, geht das Wetter auf, willst du mal eher einen Schal dazu oder auch mal Chucks anstatt Lackschuhe oder so?" (I2: Z. 141–144).

Akteursseitig – dies zeigt sich im Material – wird dem Anbieter die Funktion eines moderierenden Experten zugeschrieben, der individuell nach Kundenwünschen selektiert, entscheidet und antizipiert. Der Anbieter erscheint zu keinem Zeitpunkt als (was auch eine Deutung sein könnte) digitale Maschine (die dann potenziell auch mit Algorithmen in Verbindung gebracht werden könnte). Durch den regelmäßigen, personalisierten Kontakt wird der durch den Kurator vertretene Anbieter zu einem anthropomorphen Akteur – er denkt mit, er moderiert vorausschauend zwischen Angebot und Bedarf.

„ich denke das ist alles irgendwie so in gewisser weise basiert dann auf so einen gewissen Erfahrungsschatz [...] die werden auch ihre Routine sozusagen [...] haben [...] die werden also so gut es geht alles aufeinander abstimmen dass dann möglichst wenig in die Retoure geht oder im Retourpaket dann zurück kommt" (I 2: 104–115)

Der Anbieter konstruiert im Zuge dieser aktiv angestoßenen Abstimmungsprozesse ganz bewusst eine intimisierte Beziehung. Die Mittel dazu sind vielfältig: da ist der persönlich adressierte Briefe, im Handschriftlayout. Besonders die Adressierung mit dem Vornamen schafft eine Verbindung die auf Vertraulichkeit und „gleiche Augenhöhe" (Interview 2, S. 203 ff.) abzielt. Auf diese Weise wird eine besondere Kundenbindung erzielt. Entsprechend wird von den Akteuren die Kommunikation zwischen Anbieter und Kunde als ein dauerhafter Prozess beschrieben, der ein vertrautes Gefühl auslöst und einem die Zeit gibt die man brauch bzw. bis das Paket zurückgeschickt werden muss.

„jaja ist teilweise auch handgeschrieben [der Brief] und deswegen also du hast da auch deinen persönlichen Berater also du hast nicht immer wieder einen anderen [...] und der Tim [der Berater]schreibt mir jetzt die ganze Zeit" (I. 2: Z 200–204)

```
Hallo ████

wir haben Deine OUTFITTERY Box soeben gepackt. Sie ist nun auf dem Weg zu Dir!

Im Normalfall wird die Box innerhalb von 8 Tagen bei Dir eintreffen. Du kannst das
Paket ab 18.00 Uhr des Versandtages online verfolgen.

Klicke einfach auf den folgenden Link
https://nolp.dhl.de/?idc=00340434162343790601

und gebe die folgende Nummer ein: 00340434162343790601

Wir wünschen Dir viel Spaß beim Anprobieren und sind schon gespannt, was Dir am
besten gefällt. Es wäre toll, wenn Du alle Kleidungsstücke, die Du nicht behalten
möchtest, innerhalb von 7 Tagen zurückschickst. Schon jetzt vielen Dank dafür!

Viele Grüße,
Dein OUTFITTERY Team

________________________

OUTFITTERY GmbH
Leuschnerdamm 31, 10999 Berlin
Tel.: +49 30 46722431
```

Abbildung 11: Email Outfittery.

Diese intimisierte und personalisierte anbieterseitige Beziehungskonstruktion bietet damit einen Vorteil des Dienstes und schafft das erwünschte Resultat einer individuellen und persönlichen Beratung – aber sie schafft auch Nachteile. Ein Nachteil, den sie Akteure als durchaus erheblich markieren, ist die Erzeugung von ‚Kommunikations- und Zugeständnisdruck' seitens des Anbieters eben durch die intimisierte Adressierung und häufige Benachrichtigung: Damit erscheint die Beziehung die dauerhaft forciert wird immer mehr als unangenehm und ‚nervig'.

> *„Ab dem Moment wo ich aus dem Geschäft rausgehe ist die Transaktion beendet und die Interaktion wird erst wieder aufgenommen wenn ich es möchte, nämlich wenn ich wieder in den Laden reingehe und hier habe ich das Gefühl, dass noch sozusagen noch Verfügungsrecht besteht weil diese Mail auch in gewissermaßen noch ein bisschen Druck erzeugen auch wenn man sie sofort löschen kann" (I 1: 98)*
>
> *„Ja das stiftet eine gewisse Verbindlichkeit die persönliche Adressierung also natürlich träft das zu einer Intimisierung der Beziehung bei ein Stück weit aber auch mit allen Nebenwirkungen, dass nämlich ein höherer Verbindlichkeitsgrad bei der Beantwortung dieser Mailkommunikation da ist" (ebd.)*
>
> *„ja die lassen einen da nicht so ganz los und adressieren einen sehr persönlich so ‚Hallo (Name gelöscht)" (I 1, Z. 198–199).*

Dadurch, dass die Beziehung zwar selbstbestimmt eingegangen wird, indem erst nach einem Angebot gesucht wird, wird anschließend immer mehr die Kontrolle in der Beziehung verloren, es verschiebt sich die Machtkonstellation hin zum Anbieter. Jetzt ist nicht mehr der Akteur in der Position sich zu melden um seine Wünsche abzugeben – ab dem Moment indem das Paket kommt bzw. es zurückgeschickt wird, übernimmt der Anbieter die aktive Kommunikationsposition. Die permanente Adressierung und Verbindlichkeit die der Akteur vorher eingegangen ist führt offenbar zu einem unangenehmen Gefühl, das im Vorfeld seitens des Akteurs nicht mitgedacht war. Erzeugt wird damit ein neues Problem – dem des Handlungsdrucks seitens der Akteure angeschoben durch den Anbieter:

> *„Ja man attribuiert schon ein persönliches Wesen das irgendwie ein persönliches Anliegen hat und das doch persönlich für einen ausgesucht hat. Also natürlich wissen wir mit klarem Verstand alle, dass es da irgendwie um kapitalistische Motive geht, dass es um Kunden geht der bestmöglich getriggert werden soll damit er die Sachen kauft aber dadurch, dass Ronja (lachend) mir das jetzt geschickt hat und mir viel Spaß wünscht und mir das irgendwie ganz nett zusammengestellt hat, hab ich das Gefühl also eigentlich ist es schon notwendig, dass man also sich nicht grad bedankt ausführlich aber dass man doch sagt also man hat schon das Gefühl man muss ein differenziertes Feedback geben [...] unterm Strich geht es halt doch um ökonomische Entscheidung und natürlich ist niemand an mir als (Name gelöscht) interessiert sondern ich bin Kunde xy mit der Kombination xy" ((I 1: ebd.)*

Der Akteur ist sich durchaus im Klaren, dass es wohl um jemanden gehen muss für den er „Kunde xy" ist und es um den Verkauf eines Produktes geht, dennoch wird ersichtlich, dass er sich einer emotionalen Verbindlichkeit (indem die oben beschriebenen Kunstgriffe wie Vornamenadressierung, persönliche Ansprache, dauerhafte Interaktion integriert werden) kaum entziehen kann. Der Anbieter appelliert an die persönliche Moral, an die Norm mit Menschen höflich und freundlich umzugehen – auch wenn es sich dabei um eine digitale Beziehung handelt.

Die intimisierte und persönliche Beziehungskonstruktion führt zu einer anthropmorphisierten Konstruktion der Curated Shopping Dienstleistung, die in ihrem Konstruktionscharakter erfasst und mitunter kritisch reflektiert, sodass die Dienstleistungsperson (Kurator) insgesamt für die KundInnen ‚zwischen ökonomischem Akteur und empathischen Ratgeber' (Kategorie 6) ansiedelt.

4.2.4 Kontext – Individualität ist wichtig, oder?

Der Kontext stellt im Kodierparadigma die Ebene dar, die nach den Ausprägungen für die Fragestellung fragt und ebenfalls auf die Bedingungen für die Strategien des Handelnden eingeht. Damit beinhaltet der Kontext Elemente für die Frage nach den Wissensbeständen, Motiven und Relevanzen des Handelnden aber auch Elemente der Frage nach den Bedürfnissen und Probleme des Handelnden.

> *„wobei es dann im geschäftlichen eher dann auch weniger um Anzüge geht also mehr um Hemden, Sakkos, Jeans und Lackschuhe dazu, also das reine Anzugsthema ist eigentlich auch nicht mehr so angemessen also zumindest bei mir in der Versicherungs- oder Immobilienschiene die haben sich da eher bisschen distanziert in den Jahren." (S. 1: Z. 15–19)*

Der Akteur konstatiert eine branchenbezogene Abgrenzung von ‚reinen Berufskleidungsangemessenheiten'. Er spezifiziert darüber hinaus geschäftliche Kleidung, als etwas, das sich zeitlich wandelt und ‚distanziert' von traditionellen Angemessenheiten. Zum Beispiel wäre da der Anzug, der in der Versicherungsbranche üblicherweise zum Dresscode gehörte. Es dokumentiert sich aber, dass die Akteure offenbar nicht mehr mit Sicherheit sagen können, dass der Anzug wirklich für Versicherungsagenturpräsenzen obligatorisch ist (Kategorie 1). Markiert wird auch ein Folgeproblem, nämlich die Frage was denn jetzt getragen wird und zusammenpasst, wenn der Anzug nun nicht mehr getragen wird oder werden muss. Denn es „ist auch nicht mehr so angemessen" und es wurde sich „eher bisschen distanziert in den Jahren". Diese wagen Aussagen machen nicht gänzlich ersichtlich ob der Anzug nicht mehr getragen wird oder ob man ihn tragen kann ebenso ob jetzt etwas anderes, was jetzt angemessener ist, vorliegt. Es zeigt sich ferner, dass die Verbindlichkeiten von Dresscodes hinsichtlich bestimmter Anlässe zu erodieren scheinen bzw. Kleidungsstücke im Repertoire zu fehlen scheinen, die ansatzweise die nicht gänzlich durchschaute (vage) neue Kleidungsvorschrift erfüllen könnten. Dies schafft zunehmend Unsicherheit, weswegen eines der Gründe die Suche nach einem Dienst ist, der genau dies zu lösen verspricht. Wenn Kleidung aus Akteursperspektive zudem etwas diffus auf einem Kontinuum zwischen Freizeit und Geschäft verortet wird, dann versucht der Curated Shopping Prozess dies genauer einzukreisen. Dazu werden u.a. jahres- und farbspezifische Kriterien hinzugezogen und an den Nutzer herangetragen. Dies kann kundenseitig zudem als Reaktion auf seine potenziellen Kundenwünsche gesehen werden, denn es wird betont, dass akteursseitig Outfits als etwas Komplettes gesehen werden und auch gut abgestimmt sein müssen:

> *„und dann habe ich irgendwie mal angefangen im Internet mal zu gucken nach Outfits was mir auch so gefallen würde, also welche Kombinationen auch Farbkombinationen zu welchen Jahreszeiten und so" (I.2: Z. 24–27)*

> *„das sind immer so Komplettoutfits also jetzt nicht immer fünf Jeans und einen Gürtel [...] immer das passende Hemd oder T-Shirt mit Sakko oder Strickjacke." (I.2: Z. 61–63)*

Neben den Adjektiven ‚passend' oder ‚zusammengehörig' die in den Interviews auftauchen ist ebenfalls besonders auffällig, dass die persönliche Kleidungsauswahl nicht einmal getroffen wird und dann unabänderlich über einen längeren Zyklus getragen wird. Die Akteure beschreiben ‚irgendeine' diffuse Geschmacksvorstellung die sie haben, welche angemessen sei oder sein soll und auch mit dem was ihnen selbst gefällt zusammengebracht werden sollte. Gleichzeitig wird aber das wahrgenommene Problem der Labilität von Stil und Geschmack deutlich. Denn Stil und Geschmack sind damit sehr inkonstant und in kurzen Perioden wandelbar:

> *„ [...] oder irgendwie [wenn ich] in der Stadt Leute sehe die einen bestimmten Stil tragen den ich vorher noch nicht kannte oder das besonders gut kombiniert finde dann denke ich manchmal darüber nach ob mir das auch steht oder mir auch gefallen könnte ... dann tendiere ich dazu auch mir neue Sachen zu kaufen" (I 1: 99 ff.)*

Es geht also auch um Inspirationsmomente, die gewissermaßen als Kontingenzen betrachtet werden können (und weniger konstant sind bzw. nicht nur als die saisonalen Faktoren, die beispielsweise warme oder leichte Kleidung nahe legen). Man könnte sagen, dass der Akteur im Alltag auch Flaneur ist: sein Auge erfasst Menschen und Kleidungsstücke oder Stilkombinationen, die potenziell dann in das eigene Repertoire eingehen können. Das diffuse Befinden von „Gefallen" scheint aber nicht der einzige Faktor zu sein, hinzu kommt ein Zugang zu Mode, der diese als symbolisch aufgeladen betrachtet. Mode wird hier als mit (sub)kulturellen Identitäten verknüpft ersichtlich:

> *„dass denke ich wohlwissend dass es [bestimmte Klamotten] mittlerweile so mainstreamig geworden sind, dass es gar nicht mehr kulturelle Zeichen für irgendwas sein muss" (I2: 99 ff.)*

„[...] teilweise ist es nötig Kleidung zu haben also prinzipiell würd ich sagen, das ist ja auch Teil unserer Kultur und gleichzeitig ist es irgendwie auch Mode“ (I.3: 108 ff.)

„aber vielleicht hat das so bisschen was mit der Vorstellung zu tun wo befindet Mann Frau sich in der Gesellschaft also ich erwarte das quasi von mir [...] als soziale Erwartung dass Kleidung [kleine Pause] es kann sich ja total unterschiedlich ausdrücken aber es kann ja so ungefähr angemessen sein, weiß ich nicht, also zu Status zu Situationen und so man kann dann irgendwie gerne variieren und so aber [...] dass hat auch was damit zu tun mit dem eigenen Verständnis aber es ist situationsabhängig und ja, ich finde die Situationen also der Status in der Gesellschaft also dem man sich mehr oder weniger angemessen zuschreibt oder der von anderen zugeschrieben wird das hat irgendwie [kleine Pause] deswegen, das ist auch nicht mein Blick auf Mode [...] das hat was für mich mit Angemessenheit zu tun und weniger individuellen Ausdruck. (I.3: Z. 116–127)

Der Akteur des ersten Zitats rekurriert darauf, dass mittlerweile die Zeichen für Zugehörigkeiten bspw. bestimmte Sneaker oder Retroschuhe nicht mehr unbedingt auf eine Zugehörigkeit zum Hiphop bspw. verweisen müssen, da die Schuhe auch für den „mainstream“, also alle anderen, verfügbar sind und getragen werden. Ebenso wird auf Kleidung als Teil unserer Kultur verwiesen, die „nötig“ ist. Ebenso, dass es „angemessen [...] zu Status, zu Situationen“ passen sollte und etwas anderes als Mode darstellt. Dabei wird im letzten Zitat nicht ganz deutlich, was die Aussage ist und durch viele Redundanzen erscheint es als sei der Akteur nicht sicher, was er mit Angemessenheiten meint als auch Mode.

In den Passagen werden die Punkte deutlich, dass bei der Bewertung von Kleidung einerseits soziale Erwünschtheit und Statusangemessenheit angeführt werden und andererseits auch die subkulturelle Verortung und Anzeige von Zugehörigkeit (ob zu seinem Status oder auch zu einer subkulturellen Gruppe) eine Rolle spielt. Dies wird dann auch zum Problem, wenn es darum geht, etwas Passendes auszusuchen – auch wegen der Diffusität der Vorstellungen. Die Motivdivergenz (Status/soziale Erwünschtheit versus. Anzeige subkultureller Zugehörigkeit) lässt sich anhand zweier Akteursmodelle, dem des homo sociologicus nach Ralf Dahrendorf und dem des Identitätsbehaupter nach Uwe Schimank, pointieren. Der homo sociologicus setzt auf Erwartungssicherheit, in seiner Praxis orientiert er sich zuvorderst an sozialen Normen. Genau dies wird hier zum Problem, denn der Kaufentscheidungsprozess steht wie dargelegt im Kontext brüchig werdender Normen in unserer Gesellschaft: Die interviewten Personen betonen verschiedentlich, dass es keine gleichbleibende Dresscodes mehr für die jeweiligen verschiedenen Bereiche gibt, sondern die allgemeinen kulturell übermittelten Angemessenheitsnormen und die Dresscodes einem starken Wandel unterliegen, damit irritierend labil sind. Curated Shopping übernimmt hier die Vermittlung von Expertenwissen. Der Dienst übernimmt die Suche für den Akteur mit dem nötigen Wissen für die passende, angemessene aber auch individuelle Kleidungsauswahl. Dabei funktioniert das für den einen Akteur besser als für den anderen (Dies wird weiter ausgeführt im Kapitel 4.3. Handlungstypen).

4.2.5 Konsequenzen – Problem gelöst? (Ent-)Differenzierung von On-/Offline

Die Konsequenzen sind im Kodierparadigma der Kernkategorie nachgeordnet, sie stellen das Resultat der Handlungen und Strategien des Akteurs in Bezug auf die Kernkategorie dar. Der folgende Absatz leistet die Beantwortung der dritten Forschungsfrage: *Welche Konsequenzen und Folgeprobleme ergeben sich aus der Entscheidung für ein kuratiertes Angebot?*

Konsequenzen, die sich kundenseitig ergeben wenn „Curated Shopping als „ganzheitlicher Prozess der Kundenbegleitung und Entlastung“ verstanden wird, treten in zweierlei Hinsicht auf: Dabei geht es zunächst erstmal überhaupt um den Versuch eine Haltung zum Curated Shopping zu finden, die sich an einem Lavieren zwischen On- und Offline-Perspektiven bzw. Kriterien festmacht (Kategorie 5).

> *„[ich] tendiere [dazu]mmmh Sachen bei denen ich nicht ganz sicher bin ob sie mir gefallen [...], in der Offline Welt zu kaufen also in einem Geschäft [...] und dann muss ich mir das immer auch mal vor Ort anschauen und auch mal anfassen [...] und Outfittery kam dann jetzt ins Spiel [...]. (I1: 87 ff.)*

Der Akteur beschreibt in diesem Fall die Onlinewelt oder auch Outfittery in negativer Differenz zu Offlinewelt, „also in einem Geschäft“. Derartige Passagen ziehen sich durch die Interviews hindurch. Immer wieder stellen die Interviewten die Grenze zwischen Off- und Online her und versuchen auch speziell Curated Shopping Dienste, die erstmal online in Erscheinung treten, diesbezüglich einzuordnen. Curated Shopping wird im relationalen Spannungsfeld von Einzelhandels- und Onlinekaufberatung verortet, insofern die Curated Shopping Praxis immerzu bewertet und eingeordnet wird mit dem (mindestens impliziten) Verweis auf Erfahrungen, die in der Einzelhandelskaufpraxis begründet sind (was man als routiniertes in der Offlinewelt gewonnenes Erfahrungswissen bezeichnen könnte). Dadurch wird der Kunde als „differenzbildender Evaluator", als jemand der permanent die Unterscheidung online/offline mitführt, deutlich.

> *„so mache ich das und als Resultat kann aber auch manchmal online shopping rauskommen bei diesen offline Spaziergängen sozusagen" (I1: 94 ff.)*

> *„ich glaub jetzt nicht, dass Läden wie P&C [...] schutzbedürftig sind aber das sind irgendwie so Läden und so Onlinedinger die docken da irgendwie an. [...] ich war da letztens im Zalando Outlet hier da war ich also in der Offline Variante von Zalando und fand ich irgendwie ganz nett" (I3: 490–496)*

Die Begriffe Online oder Offline verwenden die Akteure dabei als Kategorien, um sich selbst und ihre Einkaufspraxis einzuordnen und zu bewerten. Hierbei zeigt sich aber, dass die Grenze durchaus brüchig wird. Es tritt eine Gleichzeitigkeit von Differenz und Entdifferenzierung von On- und Offline auf. Diese Verflechtung funktioniert erst durch die Digitalisierung und der Akteur bedient sich ständig dieser Differenz und erzeugt diese stetig indem er den Curated Shopping Dienst im Gegensatz zur Offlinewelt beschreibt. Bei den Prozessen der Grenzziehung wird versucht Eindeutigkeit zu schaffen. Dabei sind die Kommunikationsformen während des Bestellprozesses ineinander verwoben. Einerseits wird versucht eine intime Beziehung zu schaffen, gekoppelt an ‚reale' Personen wie bspw. durch Vornamen. Andererseits wird es hauptsächlich über digitale Tools kommuniziert, die standardisiert und undurchsichtig ablaufen. Dabei wird der Curated Shopping Dienst für den Nutzer zu einer zunehmend intransparenten Dienstleistung (Kategeorie 4). Aus dieser Konsequenz wird vom Ambiguitätstoleranz erbracht:

> *„ich weiß nicht ganz wieviel es da gibt also keine Ahnung aber ich hab einen zugewiesen bekommen der heißt zum Beispiel Tim und der Tim schreibt mir jetzt die ganze Zeit" (I2: Z. 202–204)*

Hierbei beschreibt der Akteur, dass er zwar von einem personalisiertem und von ihm mutmaßlichen Menschen ‚Tim' stetig Nachrichten bekommt, jedoch wird auch deutlich, dass der Akteur hier nicht ganz sicher ist mit wem er es wirklich zu tun hat und ‚wie viele' Kuratorinnen es gibt. Diese Doppeldeutigkeit betrifft die Wahrnehmung des Anbieters und die direkte Überprüfbarkeit seiner Handlungen (Kategorie 4). Er muss damit mit der beschriebenen Intransparenz, d.h.

nicht zu wissen wer genau schreibt außer, dass er bspw. den Namen Tim hat und womöglich männlich ist, umgehen, und dies betrifft im Grunde den ganzen Curated Shopping Prozess: So hat der Akteur zwar Vorstellungen davon, wie in etwa ein Profil von ihm erstellt wird und auch davon, dass ‚bestimmte Menschen' wie Tim, dafür etwas machen und gewählt Produkte aussuchen als auch die Vermutung, dass dabei ein gewisses Erfahrungswissen am Werk ist – aber der genaue Vorgang scheint durchaus intransparent und kaum nachvollziehbar zu sein. Je nach Anbieter wird (evtl. in Bewusstsein dieses Problems) versucht, dem entgegenzuwirken, wie bspw. Zalon, indem auf der Webseite ein Kurator anhand eines Steckbriefs gewählt werden kann. Bei Outfittery spricht der Akteur allerdings von „zugewiesen bekommen" und damit kann er lediglich durch den Namen und. evtl. die Stimme am Telefon das Geschlecht zuordnen, jedoch sonst nichts weiter vermuten. Dennoch stehen ‚Tim' und der Nutzer ständig in Kontakt und der Anbieter erfährt so immer mehr über seinen Nutzer allerdings nicht umgekehrt. Mitunter führt das auch zur Enttäuschung oder zu ‚gemischten Gefühlen' sodass die Vorstellung von Curated Shopping Anbietern als ökonomischer Akteur und Ratgeber (Kategorie 6) bestätigt und verfestigt wird.

4.3 Kleine Zusammenfassung – Fazit

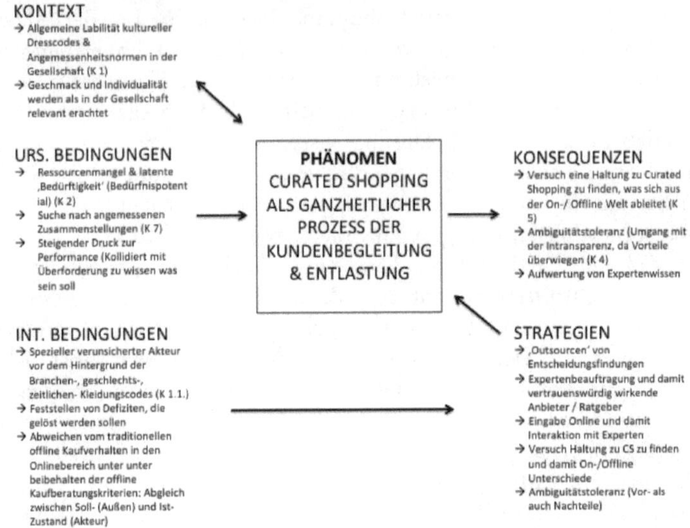

Abbildung 12: Kodierparadigma.

Um die Forschungsfragen nochmal zu nennen:

- *„Inwiefern ist die Kuration eines Angebots eine Antwort auf die Bedürfnisse und Probleme des Handelnden?"*
- *„Welche Konsequenzen und Folgeprobleme ergeben sich aus der Entscheidung für ein kuratiertes Angebot?"*
- *„Aufgrund welcher Wissensbestände, Motive und Relevanzen werden Curated Shopping Angebote konsumentenseitig gesucht und genutzt"*

Die Forschung zeigte, dass die Verunsicherung des Akteurs in unterschiedlicher Weise auch durch Defizite begründet ist, die er sich selbst attestiert. Er hat keine Zeit, selbst keine Lust bzw. Motivation. Dadurch aber wächst auch der empfundene Druck der Gesellschaft passend gekleidet zu sein und er wird umso schwerwiegender als das die klassischen Kleidungsnormen (bspw. der Anzug in der Bank) nicht mehr verbindlich scheinen. Diese Bedürfnisse und Probleme führen schließlich zur Hinwendung zu einer Dienstleistung bei der dort eine gewisse Expertise vermutet wird, die dem Akteur bei der Lösung der skizzierten Problematik helfen soll.

Aus der Entscheidung für ein kuratiertes Angebot entstehen akteursseitig *Konsequenzen und Folgeprobleme*. Der Akteur muss stetig das Profil kompetent aktualisieren und erneuern. Dabei hilft ihm der Curated Shopping Anbieter indem er permanent Nachrichten sendet, anruft oder Briefe schickt. Dies führt zum einen zu einem sehr engen Verhältnis zwischen Anbieter und Kunde – allerdings auch zu einer Informationsinkongruenz: Die Tatsache, dass der Anbieter sukzessive immer mehr über seinen Kunden weiß ohne, dass dieser mehr über seinen Kurator erfährt führt zu einer Verschiebung des Machtverhältnisses zugunsten des Anbieters. Dies (in Kombination mit den permanenten Kommunikationsaufforderungen) hat zur Folge, dass sich der Kunde zunehmend bedrängt fühlt und in ihm ein Handlungsdruck erzeugt wird. Auch führt die anbieterseitig herbeigeführte (und in der Beurteilung des Dienstes ebenfalls erkennbare) Brüchigkeit der Grenze „On-/Offline" zu einer Ambiguität mit der der Nutzer umgehen muss. Einerseits ist er sich unsicher mit wem er wirklich spricht, da er keine Informationen zurückbekommt. Andererseits überwiegen für den Akteur die Vorteile des Dienstes, wie die Expertise der Kuratoren und die selektierte Auswahl als auch das nach Hause schicken und lässt die Intransparenz in den Hintergrund rücken.

Dahingehend lässt sich auch die Frage nach *den Motiven, Relevanzen und Wissensbeständen* des Kunden beantworten. Die Motive rühren aus den beschriebenen Bedingungen, wie Ressourcenmangel, wahrgenommener steigender Druck und der Suche nach angemessenen Zusammenstellungen. Damit fallen sie unter die ausgeführte erste Frage. Die Wissensbestände sind in der Arbeit kaum hervorgetreten, demnach scheint das Wissen um den Dienst sehr oberflächlich zu sein – dabei ist das Internet eine Option welche genutzt wird und aufgrund von bestimmten Werbeauftritten und Onlinepräsenzen wird sich für einen Dienst entschieden. Die Relevanz liegt offenbar sehr pragmatisch auf der Einfachheit des Curated Shopping Prozesses und der damit einhergehenden Begleitung von Anfang bis Ende, der Bedienbarkeit der Onlineseite und auch dem Kosten-Nutzen-Verhältnis. Die Dienste sind in den meisten Fällen kostenlos und werden auch nicht als zusätzlich zu den Produkten als ‚bezahlenswert' erachtet.

Dazu kommt allgemein noch hinzu, dass es zwei Dimensionen hinsichtlich der Verkaufsmodelle zu geben scheint: Einerseits geht es bei bestimmten Diensten um die Produktauswahl, die eine Besondere sein muss, da das Produkt für sich spricht (und auch explizit beworben wird) und andererseits geht es um eine kleidungsspezifische

Kompetenz in Form von Kuration von einer bestimmten Kuratorin. Bei Kleidung scheint die Person, welche das Paket zusammengestellt hat mit ihrer eigenen Geschichte und dem eigenen Stil im Fokus zu stehen. Dies bietet für das nächste Kapitel der theoretischen Einbettung, einen weiteren Anhaltspunkt für die Einteilung von Kurationsdiensten. Dabei stellt sich die weiterführende Frage ob man für unterschiedliche Angebote auch unterschiedliche Begriffe benötigt und wo eine Definition von CS anfängt und eine andere aufhört.

Ergänzend lässt sich darstellen, dass es den Nutzern nicht um das Streben nach Einzigartigkeit und Individualität geht sondern vielmehr um eine individuelle Beratung für bestimmte angepasste Situationen und maßgebliche Felder der Lebenswelt wie bspw. Arbeit, Freizeit oder besondere Anlässe. Dabei geht es eher um das Gegenteil von individuellem Auffallen, vielmehr um einen unauffälligen aber trotzdem stilvollen Geschmack ohne zu viele Ressourcen investieren zu müssen. Innerhalb dieses Orientierungsrahmens zeigen die Daten jedoch, dass es unterschiedliche Typen von Nutzern gibt bei denen jeweils andere Akzente oder Gemengelagen von Motiven bei der Handlungsorientierung und Handlungspraxis erkennbar sind. Nachfolgend wird versucht, diese Typen von Nutzern mithilfe gängiger Akteursmodelle näher einzukreisen.

4.3.1 „Bei mir ist das aber anders!" – Typisierung

Das Schaubild zeigt zunächst vor dem Hintergrund der Akteursmodelle eine erste Beschreibung unterschiedlicher möglicher Typisierungen. Diese Systematisierung grenzt erste Spezifika voneinander ab und soll die Zusammenhänge des Handelns zu den bisherigen Daten aus den Interviews herstellen. Hierbei ist zu sagen, dass Typ drei (Cherry Picking) und Typ vier (Ich weiß genau was ich will) nicht gleichwertig Typ eins (Hilf mir) und Typ zwei (Das klappt nie) gegenüberstehen, da die beiden ersteren Interviews nicht in dem Umfang erfolgten wie bei den letzteren. Die Typen basieren zwar auch auf Interviews (die mit Beobachtungen und Mitschriften kombiniert wurden), jedoch aus pragmatischen Gründen nicht detailliert mit der GTM ausgewertet werden konnten. Dennoch werden sie in dieser Arbeit kontrastiv hinzugezogen, sie geben einen ersten Aufschluss über weitere Facetten von Typen, die im Nachgang weitergehend empirisch zu überprüfen wären.

Gemein ist allen vier Typen, dass es darum geht, dass Mode für die eigene Identität eine mal mehr oder weniger starke Rolle spielt.

Uwe Schimank beschreibt in „Handeln und Strukturen. Einführung in eine akteurtheoretische Soziologie" (2000) den sogenannten „Identitätsbehaupter". Dabei findet man drei Modi von Identitätsbeschreibungen: Im Zentrum sieht er zumeist evaluative Selbstansprüche. „Dies sind [...] die „konkreten Utopien" der Person: ihre Vorstellungen darüber, wer sie sein und wie sie leben will. [...]Flankiert werden diese evaluativen Selbstansprüche von normativen Selbstansprüchen. Im Alltagsverständnis bilden letztere das Gewissen einer Person [...] Relativiert werden die evaluativen und auch die normativen Selbstansprüche durch kognitive Selbsteinschätzungen. Diese betreffen die Fähigkeiten und Möglichkeiten einer Person, ihren evaluativen und normativen Selbstansprüchen gerecht zu werden, sowie ihr faktisches So-Sein im Vergleich zum Sein-Wollen und Sein-Sollen." (Schimank 2000: 109–110). Damit beschreibt Schimank, dass die eigene Identität, die als das Bild von der eigenen Persönlichkeit beschreibbar ist, zwischen Selbsteinschätzungen, Ansprüche wie man sein will und wie man sein soll changiert.

Abbildung 13: Typisierung der Nutzer.

Die Grafik zeigt vier Felder und teilt damit eine erste Typologie ein, die vier Idealtypen umfasst. Der erste Typus, *„Hilf mir!"* ist der, mit dem am stärksten ausgeprägten Ressourcenmangel. Er kennt sich kaum aus mit Angemessenheitsregeln und Vorstellungen von Kleidung. Es geht ihm nicht darum Individualität und Zugehörigkeit zu bestimmten kulturellen Gruppen auszudrücken sondern angemessen und situationsabhängig gut gekleidet zu sein. Dabei kann der Curated

Shopping Dienst eine hohe Entlastung für diesen Typ hervorbringen, da er sehr wahrscheinlich zufrieden sein wird mit dem Einkauf. Während des Prozesses stimmt er sich viel mit der Kuratorin ab und fühlt sich wohl mit dem Service. Dieser Typus lässt sich nach Weber dem traditionalen Handeln[20] zuordnen, der in der Gesellschaft angemessen an Normen und Werten orientiert ist. Bei ihm ist das Problem, dass die Normen an denen er sich orientiert so erodieren, dass diese zum Handlungsproblem führen. Der Curated Shopping Dienst löst genau das und kann ihm eine Auswahl an passenden Outfits präsentieren um die gewünschte Entlastung zu erzielen. Mit Schimank gesprochen ist für den erste Typ Curated Shopping insofern entlastend, dass es eine Passung zwischen dem Angebot und dem eigenen Verständnis von Mensch der sich anziehen muss gibt. Insofern ist er bereit sich eine Hilfe hinzuzunehmen. Bei ihm ist Identität typischerweise kaum mit modischem Selbstverständnis verknüpft. Hier geht das was man anzieht mit einem Pflichtbewusstsein einher von dem was man anziehen soll. Die Pflicht etwas Passendes anzuhaben wird einem dann vom Curated Shopping Dienst abgenommen und führt zur Entlastung.

2. Der *„Cherry Picking Typ“* hat zwar die nötigen Ressourcen, die Zeit und Mobilitätsmöglichkeiten, aber ihm fehlt die Kompetenz bzw. das Wissen zur Zusammenstellung. Das heißt: es besteht eine Unsicherheit hinsichtlich dessen, wann etwas ‚gut‘ aussieht oder getragen

---

20 Max Webers Werk „Wirtschaft und Gesellschaft“ von 1922, büßt auch heute noch nicht an Aktualität ein: hier findet sich die Unterscheidung von „Handeln“ und „sozialem Handeln“ –. „Handeln“ soll dabei ein menschliches Verhalten (einerlei ob äußeres oder innerliches Tun, Unterlassen oder Dulden) heißen, wenn und insofern als der oder die Handelnden mit ihm einen subjektiven Sinn verbinden.“ (Weber 1922: 15) und „soziales Handeln, dass er differenzierter in den Blick nimmt als ein solches „welches seinem von dem oder den Handelnden gemeinten Sinn nach auf das Verhalten anderer bezogen wird und daran in seinem Ablauf orientiert ist.“ (ebd.) Weber erkennt vier idealtypische Formen des Handelns: (1) Das zweckrationale Handeln zeichnet sich aus, durch: „Erwartungen des Verhaltens von Gegenständen der Außenwelt und von andren Menschen und unter Benutzung dieser Erwartungen als „Bedingungen“ oder als „Mittel“ für rational, als Erfolg, erstrebte und abgewogene eigene Zwecke“ (ebd.: 27). (2) Im Falle des wertrationalen Handelns meint dies, „durch bewußten Glauben an den – ethischen, ästhetischen, religiösen oder wie immer sonst zu deutenden – unbedingten Eigenwert eines bestimmten Sichverhaltens rein als solchen und unabhängig vom Erfolg“ (ebd.). (3) Das traditionale Handeln kennzeichnet sich durch „eingelebte Gewohnheit“ (ebd.). (4) Affektuelles Handeln schließlich ist bestimmt durch insbesondere emotionale Reaktionen, d.h. durch aktuelle Affekte und Gefühlslagen (Vgl. ebd.).

werden kann. Hier kann der Curated Shopping Dienst ebenfalls eine Lücke füllen. Dieser Typ muss nicht unbedingt von oben bis unten eingekleidet werden, denn es geht ihm um Einzelteile und bestimmte Anlässe aber auch bestimmte neue Ideen, die vorher vielleicht noch nicht in Outfits kombiniert wurden. Mode und dem Kombinationsgelingen schreibt er einen hohen Wert zu. Hier führt der Dienst ebenfalls zu einer Entlastung indem er die „Wissenslücke" des Kunden kompensiert. Beim Cherry Picker treffen der wertrationale und auch der zweckrationale Typus aufeinander. Dieser Typus ist offen und nicht zu anspruchsvoll, Qualität ist ihm zwar wichtig aber ebenso auch gewisse Schnäppchen, die den Kauf und damit Vertragsabschluss attraktiv machen und damit auch eine hohe Zufriedenheit des Akteurs herstellen. Damit ist das Curated Shopping Angebot teilweise kompatibel für das eigene Rollenverständnis. In der Vorstellung ist das Angebot passend aber in der Evaluation des Angebots dann nicht immer.

3. Der dritte Typ „ Das klappt nie!" hat wenig Ressourcen zur Verfügung aber sehr hohe Ansprüche an individuelle und spezielle Kleidungsteile. Es geht bei der Kleidungswahl darum Zugehörigkeit (zu subkulturellen oder szeneartigen Zusammenhängen) durch eben bestimmte Kleidungsartikel auszudrücken. Dies bedeutet auch, ein sehr spezielles Wissen darüber zu haben was nicht jedem zugänglich ist. Aus diesem Grunde wird es für den Curated Shopping Dienst dann auch sehr schwierig genau die hier erkennbaren Detailpräferenzenen zu erfragen, die der Akteur als (subkultureller) Identitätsbehaupter erfüllt sehen möchte. Dies hängt mit einem praktischen und einem wissensbezogenen Defizit des Anbieters zusammen: Erstens, sind die Stilpräferenzen in einem modischen Spektrum verortet, das nicht unbedingt zum Repertoire des CS-Anbieters gehören muss, insofern dieser weniger auf Subkulturen sondern eher auf eine gewisse „Mainstreampräferenz" hin orientiert ist. Ferner ist die ästhetische Präferenz an ein Wissens- und Wertesystem gekoppelt, das dem Identitätsbehaupter als Teil eines kleineren Kollektivs oder einer Teilöffentlichkeit zur Verfügung steht, dem Anbieter aber durchaus entgehen mag. Auch weitere ‚Korrekturinstrumente' wie die Fragemaske können dies nicht einholen oder kompensieren.[21] Deshalb gibt dieser

21 Bspw. Wird ein Zugehöriger der Punkszene sich nicht unbedingt an einen Curated Shopping Dienst wenden, (mal abgesehen vom Sortiment, was unpassend ist) da ebenfalls die Berater nicht über szeneinternes Wissen verfügen. Dabei wird die Entlastung so gut wie gar nicht der Fall sein sondern eher eine Belas-

Typus sein Geld lieber für spezielle Teile aus um ganz bestimmte Details zu haben (bspw. Nike Schuhe, die aus einem ganz bestimmten Jahr sind, von einem ganz bestimmten Idol getragen wurden, was von Zugehörigen sofort erkannt wird). Da dies vom Curated Shopping Dienst nicht erfüllt werden kann, wird die Zufriedenheit des Akteurs auch kaum zufriedenstellend sein. Damit ist die Vorstellung des Curated Shopping Diensts auch schon nicht positiv und in der Evaluation wird sich dieser Typ auch kaum überzeugen lassen können.

4. Der vierte Typ „Ich weiß genau was ich will!" hat im Grunde alle Ressourcen wie und auch das nötige Wissen zu Mode plus das Bedürfnis etwas Neues an Kleidung haben zu wollen. Bei diesem Typ wird es allerdings ebenfalls schwierig für CS-Anbieter, da das Wissen zu elaboriert, um diesbezüglich eine Entlastung hervorzurufen. Er ähnelt dem dritten Typus – mit dem Unterschied, dass er dem Dienst potenziell weniger stark abgewandt ist. Dieser Typ ist neugierig und immer auf der Suche nach neuen Trends, die jedoch so speziell sein können, dass der Curated Shopping Dienst mit reinen ‚angemessenen' Outfits nicht punkten kann. Denn diesem Typ geht es um genauere Details. Für ihn wird die Zufriedenheit und die damit einhergehende Entlastung gering ausfallen. Beim Typus „Ich weiß genau was ich will!" muss alles in Balance gehalten werden. Hier kommt der Identitätsbehaupter, der wertrationale Typ und der traditionale Handlungstyp zusammen (als auch Flams emotional man) – und alles muss sich irgendwie die Waage halten, wenn der Akteur zufrieden sein soll. Um dies zu präzisieren: Beim vierten Typus kommt es dezidiert im Sinne des Identitätsbehaupters auf das Selbstverständnis an. Des Weiteren werden aber Dinge durchaus auch ausgewählt weil sie immer schon so getragen wurden (traditionales Handeln). Zudem müssen sich zugeschriebene Qualität und Wertigkeit in einem gewissen Preis-Leistungsverhältnis wiederfinden (zweckrationales Handeln). Bei diesem Typus ist die Beratung ein Balanceakt der zu bewältigen ist und der dies auch sehr schwierig macht – sowohl in der Offline-Welt (mit kopräsenter persönlicher Beratung) als auch der (digital vermittelten persönlichen Dienstleistungs-) Onlinewelt. Damit ist die Vorstellung als auch die Evaluation nicht hinreichend.

---

tung, da vermutlich nichts Passendes in der Box sein wird. Ebenfalls führt dies dann nicht zu einer Zufriedenheit.

5 Theoretische Einbettung – Dienstleistungen und Probleme

Wie zu Beginn im Kapitel des Forschungsstandes beschrieben gibt es schone eine gewisse Zahl an Literatur und Forschung zum Thema ‚Curated Shopping'. Diese wird im folgenden Kapitel nochmal unter Einbezug der eigenen Forschung reflektiert – d.h. inwieweit die Ergebnisse mit den beschriebenen Thesen übereinstimmen und welche gegensätzlichen oder anders akzentuierten Tendenzen sich erkennen lassen.

5.1 Die Gegenwart und ihre Beschreibungen

(Zeitdiagnostische) Theorien der Gegenwart versuchen eine möglichst passende Beschreibung der Gegenwartsgesellschaft zu liefern. Im ersten Kapitel des Forschungsstandes wurde auf Ullrich Becks Individualisierungsthese Bezug genommen. Dabei wird angenommen, dass die zweite Moderne einerseits eine neue Freiheit – d.h. auch jenseits klassischer Begrenzungen durch Klasse und Stand – gewährt, dass diese Freiheit allerdings auch einschränkt durch eine schier unüberblickbare Möglichkeitswahl die mitunter überfordert. So sollen wir in der heutigen Gesellschaft kompetent auswählen, können es aber nicht immer, was zur Überforderung führt – die Gründe mitunter vielfältig: Zu viel Auswahl, wenig Kompetenz oder auch keine Zeit, wie in den Ergebnissen dieser Arbeit zu sehen ist. Problematisch ist dies gerade im Bereich des *Mode-Konsums*. Zweifelsohne kommt *Mode* die Funktion der Persönlichkeitsrepräsentation zu. Es geht beim Modekonsum darum etwas darstellen und ausdrücken zu wollen und auch ausdrücken zu müssen (Vgl. Würtz & Eckert 1998). Man verhält sich zwar zu seinem Körper, man gestaltet ihn aber auch nach sozialen Kontexten (so kleidet man sich für Vorstellungsgespräch in einer Bank vermutlich anders als für ein Rendezvous). Modische Zeichen verweisen zudem auf

Lebensstile: Mittels der Selbststilisierung auf Basis von Zeichen eignet man sich gewisse Orientierungen und Zuschreibungen an, sie signalisieren Teilhabe und Nicht-Teilhabe. Das Besondere am Curated Shopping ist jedoch, dass es hierbei mitunter nicht nur bzw. kaum um die Persönlichkeitsrepräsentation, um Individualitätsanzeige mittels modischer Zeichen handelt sondern vielmehr um eine branchenspezifische Angemessenheit. So kann die von Beck konstatierte Auflösung von Klassen und Standesangemessenheiten sicher auch auf den Modebereich (der diese ja nicht selten symbolisch anzeigt) übertragen werden: Die Akteure artikulieren mindestens latent zeitdiagnostisch beschriebene Unsicherheiten:

> *„[...] oder ich bin vor Leuten oder so also ich mache mich sehr schick, dass hat auch was damit zu tun mit dem eigenen Verständnis aber es ist auch Situationsabhängig und ja ich finde die Situationen also der Status in der Gesellschaft also dem man sich mehr oder weniger angemessen zuschreibt oder der von anderen zugeschrieben wird, das hat irgendwie [Pause] deswegen das ist auch nicht mein Blick auf Mode." (I3: Z.119–124)*

Es dokumentiert sich zudem ein unüberblickbarer Möglichkeitsraum, der durchaus auch die These von Gross zur Multioptionalisierung stützt. Der Wunsch nach Selektion oder Kuration vor dem Entscheidungsprozess, ist ein Hinweis auf das Überforderungsgefühl, d.h. Wenn ich bei der Suche für eine Cocktailparty auf die Internetseite von Zalando gehe, finde ich eine Auswahl an 17.669 Kleidern (Zalando 2018b). Im schlimmsten Fall kommt es sogar dazu, dass ich am Ende gar nichts bestelle und einfach das trage was ich sowieso im Schrank habe. Da kommt mir die Selektion der Kleider im Vorfeld mit einer minimalen Auswahl, die auch noch für mich angepasst wurde entgegen. Die Handlung wird an den Experten angegeben und führt zu einer Entlastung.

Curated Shopping Angebote sind aber nicht nur als ‚Antwort' auf den ‚stilunsicher gewordenen Kunden' im Zeitalter der zweiten Moderne mit dem Problem der Multioptionalität zu sehen, sie sind ebenfalls ein Hinweis darauf, dass sich im Bereich des Online-Handels eine zunehmende Zahl verschiedener Konsumangebote (und damit einhergehenden Anbieterstrategien) herausbildet, die auf die spezifischen Konsumprobleme reagieren. Die Beratung von Konsumenten kann als Reaktion auf das Risiko der Fehlentscheidung oder der fehlenden Entscheidungsfähigkeit überhaupt sowie auf die Last der Kompetenzanforderungen (verbunden mit zeitlichen, motivationalen und kognitiven Ressourcen Art) gelesen werden. Curated Shopping Angebote bringen zudem ihrerseits auch neue Handlungsprobleme hervor, die mit der anbieterseitigen Beratung einhergehen und wiederum neue Problemlösungsstrategien auf Kundenseite erfordern.

Wie sich in der Arbeit zeigte, führt für die Nutzer von CS Diensten und im speziellen beim Segment ‚Kleidung', die Annahme der Expertise eines Experten, dazu, sich Entlastung zu erhoffen: Dies geschieht auch insofern, dass die Handlung abgegeben werden kann, an jemanden dem zugeschrieben wird sich damit auszukennen. Das im Paket schließlich noch ein Brief zugefügt ist in dem die Auswahl begründet wird, verstärkt den Eindruck und tendenziell die Wahrscheinlichkeit zu einer weiteren Nutzung und damit zu einem auf Dauer gestellten Beziehungsaufbau zwischen Anbieter und Nutzer. Eines der Handlungsprobleme die sich dann neu herausbilden, ist allerdings das Problem des Handlungsdrucks. Dies ist mitunter durch die Digitalisierung und der damit einhergehenden automatisierten Prozesse zu erklären. Zur Darstellung dessen werden im Folgenden die klassischen Probleme der Dienstleistungsarbeit erläutert, welche schließlich mit dem Phänomen Curated Shopping in Bezug gesetzt werden.

5.2 Modell der Dienstleistungsarbeit

Im Folgenden wird eine theoretische Einordnung in Bezug auf Margit Weihrichs und Wolfang Dunkels Text„Abstimmungsprobleme in Dienstleistungsbeziehungen. Ein handlungstheoretischer Zugang" vorgenommen: Dieser auf die ‚analoge Welt' bezogene Ansatz lässt sich nun mit Gewinn auf das digitale Phänomen Curated Shopping und die in der Arbeit gewonnen Ergebnisse beziehen.

Weihrich und Dunkel (Weihrich & Dunkel 2003) beschreiben, dass bei der Produktion personenbezogener Dienstleistungen, der Dienstleistungsnehmer notwendigerweise als Koproduzent in die Herstellung der Dienstleistung mit einbezogen wird. (Vgl. ebd.: 758). Grundthese der Autorinnen ist dabei die erforderliche persönliche Mitarbeit an der Dienstleistung seitens der Nutzer/Kunden, die derart erfüllt werden muss, dass das ‚persönlich' gewünschte tatsächlich auch ‚persönlich' zugeschnitten werden kann. Damit einhergehend sind Abstimmungsprobleme erwartbar. Die Autoren stützen sich dabei auf eine handlungstheoretische Auslegung und versuchen ein „theoriegestütztes soziologisches Verständnis von Dienstleistungsarbeit" (Vgl.

ebd.) zu erarbeiten. Im Gegensatz zu anderen Ansätzen[22] proklamieren Weihrich und Dunkel typische Abstimmungsprobleme zwischen Dienstleistungsnehmer und Dienstleistungsgeber in Bezug auf die Dienstleistungsbeziehung. Dabei sehen sie Dienstleistungen vornehmlich unter dem Aspekt der *Interaktionen*, die laut ihnen in der allgemeinen soziologischen Theoriebildung noch zu wenig im Fokus stehen (Vgl.: 761). Dienstleistungsarbeit wird den AutorInnen folgend noch zu sehr in Abgrenzung zu nicht-materieller Arbeit gesehen und damit auch zu industriell produzierten Gütern. Weihrich und Dunkel übernehmen und beziehen sich auf zwei Dienstleistungskriterien[23] von Korczynski (2002: 5f. zit. nach Weihrich & Dunkel: 2003, 762): das uno-actu-Prinzip, nach dem „das Produkt [...] in ein- und derselben Situation hergestellt und konsumiert“ (ebd.: 762) wird, und die Ko-Produktion, bei der das Produkt von Leistungsnehmer als auch –geber hergestellt wird (Vgl. ebd.). Sie unterscheiden weiterhin zwischen direkt auf die Person des Dienstleistungsnehmers gerichteten und indirekt personenbezogenen Dienstleistungen und erweitern die Unterscheidung von Gutek (1995) zwischen Dienstleistungsbegegnungen (encounters) und Dienstleistungsbeziehungen (relationships). Ersteres meint, die einmalige Begegnung zwischen Dienstleister und Kunden und damit eine fremde Beziehung. Das Zweite bezieht sich auf mehrere Kontakte und stellt damit eine nicht mehr fremde Beziehung untereinander dar, die eben durch ein Kennenlernen geprägt ist. Dieser Unterbau führt zu ihrem *Modell der Dienstleistungsbeziehung.*

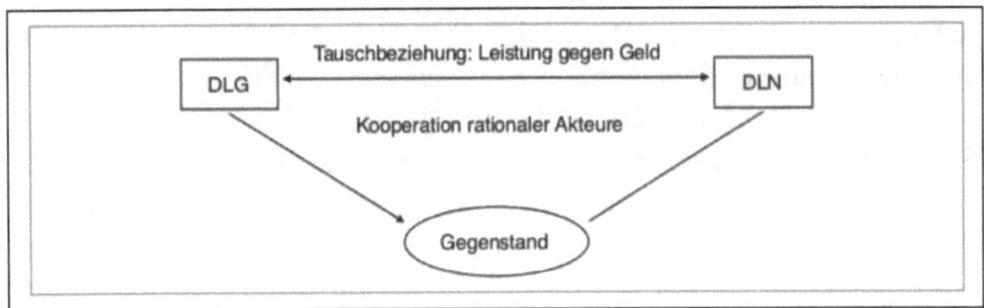

Abbildung 14: Ausgangsmodell von Weihrich & Dunkel 2003: 764.

22 Zu nennen sind hier Diskurse zur Dienstleistungsqualität (Braczyk et al. 1696) und nicht soziologische Analysen die auf die Interaktion eingehen.

23 Von drei weiteren Merkmalen: Intangibility (keine oder nur zum Teil stofflicher Natur), perishability (flüchtig und nicht lagerfähig), variability (nicht homogen)(Korczynski 2002: 5f.).

Das Modell ziehen die Autorinnen heran, um die jeweiligen Handlungsprobleme in Dienstleistungsbeziehungen der jeweiligen Akteure offen zu legen. Dabei identifizieren sie jeweils vier Probleme: (1) Das Problem der Definition des Gegenstands der Dienstleistungsbeziehung (2) Das Problem der Herstellung einer Kooperationsbeziehung (3) Das Problem des unvollständigen Vertrags und (4) Das Problem des Verhältnisses von Tausch- und Kooperationsbeziehung. Beim ersten Problem geht es darum, dass nicht immer der Gegenstand im Vorfeld nicht immer klar ist. Im Falle des Curated Shoppings ist dabei nicht klar ob der Kurator als auch der Kunde bspw. mit ‚Stil' und ‚Geschmack' das gleiche darunter verstehen. Beim Problem der Herstellung einer Kooperationsbeziehung müssen DLG und DLN einen Weg finden, ihre Handlungen so aufeinander abzustimmen, dass eine erfolgreiche Bearbeitung des Gegenstands möglich ist (Vgl. ebd. 765). Das erfordert im Curated Shopping, dass der Kunde die Fragebögen bearbeitet und der Anbieter diesen auch auswertet. Beim Problem des unvollständigen Vertrags kommt ein Problem zu Tage, dass sich auf das Ergebnis bezieht welche ex ante bei einer Dienstleistung nicht feststellen lässt. Das Problem des Verhältnisses von Tausch- und Kooperationsbeziehung bezieht sich darauf dass bei einer Dienstleistung nicht nur gekennzeichnet ist durch das Gelingen einer Kooperation sondern auch, dass Leistung gegen Geld getauscht ist (Vgl. ebd.). Damit wird der Vertrag auch nur dann zustande kommen, wenn sich beide Vertragspartner aufeinander verlassen können, dass die Leistungen vice versa erbracht werden.

Die Autorinnen stellen fest, dass in den Sozialwissenschaften bisher der Konsens herrschte, diese Probleme als gelöst zu sehen – ganz simpel beschrieben: die Koordination von Angebot und Nachfrage wird über die Tauschbeziehungen auf Märkten geregelt. Dabei wird jedoch aus dieser Perspektive ausgelassen, dass Menschen nicht nur rational handeln und damit auch nicht genuin dem homo oeconomicus entsprechen. Weihrich und Dunkel machen darauf aufmerksam, dass Modelle die so etwas wie Vertrauen in Dienstleistungsbeziehungen nicht mitdenken, lückenhaft sind. Dabei postulieren sie, dass scheinbar ‚merkwürdige' Interaktionen (bspw. warum Finanzierungsdienstleistungen nicht zustande kommen obwohl doch beide Partner daran interessiert sind), sehr wohl zu erklären sind – etwa durch Lösungen von Abstimmungsproblemen. Dabei legen sie eine Theorie strategischer Interaktion zugrunde. Der Akteur wird verstanden als einer der seine verfolgten Ziele und Interessen in eine Rangordnung bringen will. Aber auch

> *„dass er über Wissensbestände verfügt und Erwartungen hegt, von denen anzunehmen ist, dass sie fehlerhaft und unvollständig sein werden; dass er sich ein Bild von der Handlungssituation macht, in der er sich befindet; dass er seine Handlungsentscheidung schließlich trifft, indem er die Dringlichkeit, mit der er ein bestimmtes Handlungserlebnis realisiert haben möchte, mit der erwarteten Wahrscheinlichkeit seines Eintritts verrechnet und sich sodann für die Handlung mit dem höchsten subjektiv erwartetem Nutzen entscheidet" (Weihrich & Dunkel: 766)*

Dies kann nun verschiedene typische Problemsituationen hervorrufen, besonders wenn der Akteur es mit Erwartungserwartungen von anderen Akteuren zu tun hat und solcher *sozialen Dilemmata* bedarf es Problemlösungen.

Bei einem weiteren Problem geht um verschobene Machtverhältnisse. Dabei treten Probleme dann auf, wenn die Ressourcen an denen ein Akteur interessiert ist, ein anderer kontrolliert. Hierbei tritt dann das Machtverhältnis zwischen den Akteuren, d.h. Anbieter und Kunde, auf und diese Interessen und Ziele können ebenfalls in unterschiedlichen Relationen zueinander stehen. Beide Akteure müssen nun die gemeinsamen Ziele erreichen und beide müssen ihren Beitrag dazu leisten. Weihrich und Dunkel identifizieren dabei drei Arten von Abstimmungsproblemen die bei den Zielrelationen auftreten können und die hierbei kurz zusammenfassen gefasst werden, um dann überzuleiten zum Bezug auf das Forschungsthema.

Auch wenn die Akteure die gemeinsamen oder komplementären Ziele anstreben, können diese scheitern wenn „Ego nicht weiß, wo, wann und auf welche Weise [Alter] seine Leistungen erbringt" (Vgl. ebd.: 767). Hierbei handelt es sich um *Koordinationsprobleme (1).* Wenn diese gelöst wird, bleibt die Lösung stabil und erfüllt beide Interessen, da keiner der Beteiligten Abweichungsgewinne sieht (Vgl. ebd.).

(2)Kooperationsprobleme, liegen dann vor, wenn die Akteure „jeweils für sich eine Alternative entdecken, die ihnen lieber wäre als ihre Beitragsleistung" (ebd.). Das so genannte „Gefangenendilemma" kann auftreten: Ego zöge es vor, nur Alter den Beitrag leisten zu lassen und den eigenen zurückzuhalten. Eine stabile Lösung besteht darin, dass die Kooperation nicht zustande kommt, wenn Alter Egos Verhalten antizipiert oder auch nur unterstellt (Vgl. ebd.) dies führt dann dazu, dass er ebenso seinen Beitrag zurückhält. Das führt schließlich zur

schlechtesten Position, wonach Alter alle Kosten trägt, während Ego der Nutznießer ist. Allerdings landen beide Partner somit in einer suboptimalen Position, da die kollektive Gewinnzone, also das gemeinsame Ziel eines Vertragsabschlusses, verfehlt wird (Vgl. ebd.: 768) .

Bei nicht kompatiblen Zielen zwischen Anbieter und Kunde tritt das *Ungleichheitsproblem (3)* auf. Sobald ein Gut nicht aufgeteilt werden kann oder für einen der beiden als ungerecht erscheint, resultiert daraus weder ein suboptimales noch ein optimales Gleichgewicht – es wird zu einem höchst konfliktträchtigen Problem, da nie ausgeschlossen werden kann, dass die Benachteiligten für eine Umverteilung kämpfen werden (Vgl. ebd.: 768).

Damit haben Weihrich und Dunkel drei Probleme mit unterschiedlichen Konfliktpotentialen identifiziert: Bei den Koordinationsproblemen gibt es eine stabile kollektive Gewinnzone, bei den Kooperationsproblemen gibt es immerhin eine instabile Gewinnzone, wohingegen es bei den Ungleichheitsproblemen aus Sicht der Beteiligten keinen kollektiven Gewinn gibt. Die verschiedenen soziologischen Lösungen die Weihrich und Dunkel anschließend anbringen, sind anspruchsvolle Abstimmungsmechanismen[24], wie Problemlösungsmechanismen durch Markt, Herrschaft, Vertrauen und Normen. (Vgl.: 769) – moralisches Handeln wird dabei als rationales Handeln gefasst. Diese Institutionen bieten sich an Probleme zu lösen, indem sie Anreize bereitstellen, bestimmte Handlungen zu befördern aber auch zu unterlassen. Als eine Lösung für Dienstleistungsprobleme beschreiben die Autorinnen, dass der Tausch gegen Rechte als eine gängige Lösung angesehen wird – Dienstleistungsnehmer erhält Geld gegen das Recht der Nutzung seiner Fähigkeiten. Die Koordination verläuft problemlos durch die Lösung des Markttauschs, dessen Schwierigkeit durch den Dienstleistungsgeber gelöst wird, indem er die Erwartungen des Kunden erfüllt. Aber die Frage ob das auch so ist, findet sich in der Realität anders beantwortet. Dabei gehen Weihrich und Dunkel auf die Abstimmungsprobleme in Dienstleistungsbeziehungen ein (Vgl. ebd.). Bei den personenbezogenen Dienstleistungen, handelt es sich um eine spezifische Art der Interaktion: die Tauschpartner können sich nur unzureichend informieren. (Beim Tausch von Gütern wäre das Kooperationsproblem leicht zu lösen indem die Qualität leicht festzustellen ist). Bei einer Dienstleistungsbeziehung handelt es sich um „eine strategische Interaktion zwischen rationalen Akteuren, die

24 Im Vergleich zu den Lösungen die sie anbringen, die nichts mit dem homo sociologicus inne haben. (Vgl. ebd.: 769)

zwar Leistung gegen Geld tauschen, ihr Tun aber auf einen Gegenstand ausrichten, dessen Bearbeitung Ko-produktion erfordert." (ebd. 770). Diese koproduktive Erarbeitung kann wiederum in dreierlei Hinsicht problematisch sein. Das *Koordinationsproblem* entsteht weil der Gegenstand und die Bearbeitungsprozeduren unklar sind und erst gefunden werden müssen. Beim *Kooperationsproblem* besteht zwar der Konsens über das gleiche Ziel aber die Definition des Ziels kann unterschiedlich sein und somit wissen die Akteure nicht ob sie (DLN) auch die erwünschte Leistung erhalten (Der Friseur der dem Kunden einen Haarschnitt schneidet, wird nicht wissen ob die Kundin zufrieden ist) und schließlich wird auch das *Ungleichheitsproblem* zustande kommen, da ‚das Beste' in den Augen des Dienstleistungsgeber für den Dienstleistungsnehmer ‚das Schlechteste' ist. (Vgl. ebd.).

Weihrich und Dunkel zeigen, dass für Dienstleistungsinteraktionen die zugrundeliegenden Abstimmungsprobleme charakteristisch sind. Ebenso postulieren sie, dass genau die Spezifika dieser Abstimmungsprobleme die Chance bieten, diese auch zu lösen. Der Zwang zur Ko-Produktion der beteiligten Akteuren bietet die Möglichkeit sich wechselseitig Informationen über die eigene Kooperationsbereitschaft zukommen zu lassen (Vgl. ebd.). Bei der Dienstleistungsinteraktion selbst können beide Teilnehmer sich wechselseitig darüber verständigen dass sie bspw. Vertrauen investieren oder die Interaktion abbrechen.

‚Curated Shopping' als ein per se dienstleistungsbezogenes Phänomen, soll nun vor dem Hintergrund der eigenen Ergebnisse und im Zusammenhang mit Weihrich und Dunkels Theorie kurz reflektiert werden. Mitzudenken ist, dass CS ein im Internet angesiedeltes Phänomen darstellt Weihrich und Dunkel dies noch nicht miteinbezogen haben.

> *„[...] und dann habe ich irgendwie mal angefangen im Internet mal zu gucken nach Outfits was mir auch so gefallen würde [...] und dann stößt du halt auf mehrere Seiten wie halt auch Outfittery, die machen das halt auch ganz gut und professionell auf der Seite wo du einfach die Daten dann nochmal vorab eingibst und dich dann nochmal anrufen und mit dir besprechen in welche Richtung das gehen soll und dann schicken sie dir halt ein dementsprechendes Paket zu und dann bekommst du das halt"* (I1, Z.1–2)

Bei Curated Shopping handelt es sich um eine Dienstleistungsarbeit die auf den ersten Blick ohne großes Konfliktpotential: Die Basisannahme ist, dass der Kunde sich freiwillig einen Dienst heraussucht. Er hat verschiedene Anbieter, kann vergleichen, erkennen wie sie sich unterscheiden und dann die Wahl für einen Dienst treffen. Dabei kann er jederzeit den Kontakt abbrechen und die ‚Exit-Strategie' gehen wodurch keine Dienstleistung zustande kommt. Für die ‚räumliche' Koordination orientieren sich Anbieter und Kunde damit an der gängigen Praxis: freie Wahl des Kunden und über Angebot und Nachfrage seitens des Anbieters. Beim ersten Kontakt handelt es sich um eine *‚encounter'* Beziehung. Kunde und Anbieter kennen sich noch nicht. Jedoch wird dabei vom Curated Shopping Anbieter versucht auf verschiedene Art ein Kennenlernen zu ermöglichen bspw. durch den Aufbau einer persönlicheren Beziehung durch die Kuratorinnensteckbriefe. Mit unter ist dies auch ein Spezifikum des digitalen Möglichkeitsraumes. Am Anfang wurde auf die Veränderungen und Spezifika von und durch die Digitalisierung (die räumliche-, zeitliche- und soziale Entgrenzung) eingegangen. In diesem Fall vereinfacht das die zeitliche Koordination von Anbieter und Kunde gleichermaßen. Der Kunde kann durch seine räumliche Ungebundenheit von bspw. Zuhause jederzeit den Anmeldevorgang beginnen als auch zeitlich wann er will und vorerst auch ohne einen bestimmten Ansprechpartner, da die encounter Beziehung vorerst besteht. Ebenso kann der Kunde sich vorerst informieren über verschiedene Anbieter durch Bewertungen, ausführliche Rezensionen von Testern (bspw. Auf Blogs oder Youtube aber auch auf der Seite selbst) und kann sich selbst seinen ‚Stylisten' aussuchen. Damit wird dem Kunden schon mal die Unsicherheit einer Fehlentscheidung ein Stück weit genommen und Sicherheit gegeben, etwas Passendes zu bekommen. Die inhaltliche Koordination scheint noch ein Stück weiter organisierbar zu sein als bei der Untersuchung von Weihrich und Dunkel beim Friseur. So wird der Anbieter hier ebenfalls den Kundenwünschen gerecht zu werden und die Leistung bzw. die Produkte würden dann gegen Geld getauscht. Dabei tritt schließlich das Spezifikum des unvollständigen Vertrags hervor: Stilisierung seiner Individualität (Weihrich & Dunkel: 774). So kann ähnlich wie im Text beim Beispiel des gelungenen oder missratenen Haarschnitts auch das Outfit gut oder schlecht für den Kunden erscheinen. So kann das Ergebnis nicht im Vorfeld überprüft werden[25]. Allerdings ist bei diesem Dienst das Risiko minimiert. So zahlt der Kunde erst

25 Mitunter wird auf dieses Problem schon reagiert, indem die Stylisten per Mail die Vorauswahl schicken und dem Anbieter überprüfen lassen ob dies den Vorstellungen entspricht (Vgl. Zalon 2018). Dies ist allerdings noch nicht bei allen Anbietern gegeben.

und nur das was er behält und wenn er es behält. Ebenfalls wurde das Kundenprofil mit allen Vorlieben für Schnitte, Farben und Muster im Vorfeld durch die Fragebögen und das Erstellen des Profils eingegrenzt und wird immer wieder aufs Neue präziser zusammengesteckt.

> *„oder wenn das nächste Paket kommt fragen sie ob also ‚kann ich das besser machen' hat sich dein Stilgeändert in welche Richtung sollen wir wieder, willst du mal eher einen Schal dazu oder auch mal Chucks anstatt Lackschuhe oder so." (I1: Z.141–143).*

Bei einem ersten Kontakt zwischen Anbieter und Nutzer handelt es sich noch um eine encounter Beziehung. Erstmal wird versucht die Definition des Gegenstandes der Dienstleistungsbeziehung zu bewerkstelligen. Nach und nach wird sie aber zu einer Relationsship.

> *„also du hast da auch deinen persönlichen Berater also du hast nicht immer wieder einen anderen"(I1, Z.200–201).*

Dies schafft das nötige Vertrauen seitens der Kunden gegenüber dem Anbieter. Durch das wechselseitige Austauschverhältnis wie Telefonate, Emails und Bestätigungen über den Prozess wird die Beziehung gefestigt. Indem der Kunde mit der Retoure Gründe angibt was ihm nicht gefallen hat, durch das ausfüllen weiterer Fragebögen oder auch durch das Hochladen von Fotos wird das Verhältnis zwischen Anbieter und Nutzer auf eine persönliche Ebene bezogen und verweist auf Kooperationsbereitschaft. Da der Kunde ebenfalls treu bleiben soll, muss das Paket auch immer mit möglichst passenden Kleidungsstücken gefüllt werden damit das Vertrauen erhalten bleibt. Im besten Fall bestellt der Kunde wieder ein Paket und somit wird die Beziehung immer weiter intensiviert als auch das Risiko einer falschen Bestellung minimiert. So füllt der Kunde immer mehr Variablen zu seinem Profil hinzu – durch Anrufe oder Fragebögen, die erneuert und verbessert werden. Dabei kann sich der Service schließlich zu einem gängigen Model des Einkaufens als Routine für den Akteur herausbilden. Dabei bekommt er dann immer wieder passend zu seinen Anforderungen ein Paket geschickt.

Curated Shopping ist damit ein Model welches Versucht die Abstimmungsprobleme in Tauschbeziehungen zu minimieren durch Vertrauen in die wechselseitige Kooperationsbereitschaft herzustellen durch interaktive Prozesse welche entgegen rationaler Regeleinhaltungen bestehen. Festzuhalten ist, dass das Modell von Weihrich und Dunkel für eine Beschreibung von Curated Shopping gut aber noch um die Digitalisierungsebene zu erweitern ist. Die Möglichkeit Prozesse schneller und zeitlich entkoppelt (von der Face to Face Situation) verändert auch die Handlungsstrategien und -optionen wie bspw. das beschriebene Anprobieren der Kleidungsstücke. Ebenfalls verändern sich die Machtgefüge zwischen Anbieter und Nutzer. So verschieben sich die Verhältnisse erst hin zum Nutzer und erst nach dem ersten Bestellvorgang hin zum Anbieter.

5.3 Was ist Curated Shopping denn jetzt?

Wie im Forschungsstand (Kapitel 2) beschrieben, ist eine Definitionen und Beschreibung von Curated Shopping als Standardisierung (Auswahl bester Optionen bei nicht-standardisierten Produkten), (Re-)Triadisierung (durch inszenierte persönliche Beziehung) der online vermittelten Anbieter-Kunden-Beziehung und De-Optionalisierung (durch die anbieterseitige Beschränkung der Produktauswahl) und als eine Minimierung des Akteursgefüges und so als De-Mediatisierung (vgl. Eisewicht 2017: 237) beschrieben (und damit als ein Gegenentwurf zu Category Killern und Service Dyaden zu sehen.)

Dabei ist zuzustimmen, dass es sich bei verschiedenen Curated Shopping Anbietern (nicht bei Allen) um a.) einen Service handelt, der die Auswahl an besten Optionen bietet bei nicht standardisierten Formen. Wenn es um Kleidung geht, dann findet sich so erstmal nicht die ‚beste' aller Optionen sondern eine passende Option und eine Angemessene. Dem typischen Curated Shopping Nutzer geht es nicht darum eine schwer zu greifende Birkin Bag zu bekommen (um das Beispiel von Paul Eisewicht aufzunehmen Vgl. Eisewicht 2015) sondern eine angemessene Tasche die zum Outfit und zum Anlass passt zu finden. Wohingegen bei Lebensmittel oder Kosmetik der Schwerpunkt darauf liegt Produkte zu präsentieren, die nicht einfach im Laden um die Ecke zu finden sind. Dabei spielt allerdings nicht die beste Option eine Rolle sondern eine beworbene individuell möglicherweise auch passende Option (eine Creme für die eigene Problemhaut oder einen Gin für den eigenen speziellen Geschmack). Hierbei müsste sich infolge dessen nochmal der genaue Unterschied angeschaut werden bezüglich der Unterscheidung ‚nicht-personalisierte' und ‚personalisierte Curated Shopping Angebote' um eine schärfere Trennung zu vollziehen. Eine b.) Re-Triadisierung liegt beim untersuchten Curated Shopping Dienst vor, da eine anbieterseitige Beziehung inszeniert und forciert wird. Dabei wird die Beziehung nach Weihrich & Dunkel zu einer relationship um das nötige Vertrauen aufzubauen, das zu einem Vertragsabschluss und zu Kundenzufriedenheit führen soll. Die c.)De-

Optionalisierung wird erreicht indem der Anbieter dem Kunden bspw. drei Outfits und nicht zehn verschiedene Shirts und sechs verschiedene Hosen präsentiert. Allerdings fehlt da der Aspekt des ‚passenden Outfits'. Es gibt zwar weniger Optionen allerdings ist bei Kleidung der Fokus darauf, dass auch alles zusammenpassend und untereinander kombinierbar zu tragen ist. Die d.) Minimierung des Akteursgefüges trifft ebenfalls ein, da der Kurator, den möglichen Kontakt zu Anbietern übernimmt. Allerdings handelt es sich meines Erachtens nicht um eine Minimierung als mehr um eine Verschiebung der Handlungen. Der Akteur gibt zwar sein Handeln an den Kurator ab allerdings entscheidet er am Ende was er nimmt und was nicht. Wenn weiter gedacht wird und bspw. Ein Shirt kaputt geht im Laufe der Zeit stellt sich die Frage wo und bei wem reklamiert wird? Bei Anbieter des Shirts oder beim Curated Shopping Dienst? Paul Eisewicht rekurriert auf die De-Mediatisierungstendenz nach Tilo Grenz und Michaela Pfadenhauer darauf das durch Curated Shopping Angebote Mediatisierungstendenzen entgegengewirkt wird: „Mit De-Mediatisierung meinen wir [die Autoren] ein Sichwidersetzen gegen den jüngsten Medienwandel bzw. gegen soziale und kulturelle Konsequenzen des informations- und kommunikationstechnischen Fortschritts." (Grenz/ Pfadenhauer 2017: 4.). Nach der Argumentationslinie kann davon zwar die Rede sein dennoch wurde in dieser Arbeit gezeigt, dass es sich nicht unbedingt um eine De-Mediatisierung handelt als vielmehr um eine Art ‚erweiterte Mediatisierung'. So wird mit den Angeboten auf Probleme im Online Shopping eingegangen aber es erzeugt auch neue die durch die Mediatisierung erst möglich werden bspw. Der Kontakt über die Bestellung hinaus. Wenn in einem Kaufhaus vor Ort ein Kleid eingekauft wird, ist mit dem Bezahlen und anschließenden Verlassen des Geschäfts der Vorgang beendet. Wohingegen der Prozess beim Curated Shopping noch darüber hinaus geht. Ebenso kann der Kunde nicht mehr genau differenzieren zwischen On-/und Offline, da die Grenzen verschwimmen, und so kann dies nicht als De-Mediatisierung gefasst werden.

Letztlich geben Curated-Shopping-Angebote Hinweise darauf, dass sich im Bereich des Online-Handels eine zunehmende Zahl verschiedener Konsumangebote (und damit einhergehenden Anbieterstrategien) herausbildet, die auf je spezifische Konsumprobleme wie Ressourcenmangel oder fehlendes Wissen reagieren. Die Beratung von Konsumenten kann als Reaktion auf das Risiko (der Fehlentscheidung oder der fehlenden Entscheidungsfähigkeit) und auf die Last der

Kompetenzanforderungen (zeitlicher, motivationaler und kognitiver Art) der selbstverantwortlichen Entscheidung im herkömmlichen Online-Einkauf gelesen werden. Allerdings ist die Mitarbeit am Kunden unabdinglich und scheint als unerheblich gerade das Model Curated Shopping.

Laut der empirischen Untersuchung in der Arbeit und unter Rückbezug der aufgeworfenen Probleme in Dienstleistungsarbeiten von Weihrich und Dunkel, lässt sich aber vor allem eine Verschiebung der Aufgaben feststellen hin zu einer möglichen Minimierung der Abstimmungsprobleme, um das bestmöglichste Ergebnis zu bekommen um einen Vertragsabschluss zu gewährleisten. Der Kunde hat die Vorarbeit, sobald er das Ziel eines Vertragsabschlusses anvisiert. Sofern die zugsendeten Kleidungsstücke möglichst dem entsprechen sollen, was der Kunde sich vorstellt, muss er möglichst viele Fragebogen ausfüllen, einen passenden Stylisten aussuchen (damit die Steckbriefe durchlesen, auf Pinterest die Bilder durchgehen und eine Art ‚Bewerbungsverfahren' durchgehen) und Fotos von sich und Outfits die einem gefallen hochladen. Dies wird alles im digitalen Raum hochgeladen und verarbeitet. Ab hier kann der Kunde nur darauf vertrauen, dass auf seiner Vorarbeit das passende ausgewählt wird. Damit ist auch wieder weniger von einer De-Mediatisierung zu sprechen als viel mehr von einer neuen Arbeitsteilung zwischen Anbieter und Kunde. ES stellen sich durch die Arbeit neue Fragen in Bezug auf unterschiedliche Curated Shopping Dienste. Brauch man evt. für unterschiedliche Angebote auch unterschiedliche Definitionen? Hinsichtlich der Kleidungskuration hat sich herausgestellt, dass dabei der Experte mit seinem Wissen, seiner Kompetenz und seiner Geschichte im Fokus steht und nicht die Produkte an sich. Im Gegensatz zu anderen kuratierten Angeboten wie bspw. Lebensmittel oder Kosmetik. Hierbei scheinen die Produkte für sich zu stehen und nicht die Experten, die das Paket zusammenstellen. Dabei steht die Frage im Raum was Curated Shopping alles fasst und was nicht. So trifft die anfangs erwähnte Grundidee von Curated Shopping nur teilweise zu, also dass sie darin besteht, „dass der Curator aufgrund seiner Sortimentskompetenz oder bestimmter anderer Qualifikationen eine bessere Produktauswahl treffen kann als der Kunde selbst, und es dem Kunden ermöglicht, zeitsparend und bequem auf ein passendes Produkt zuzugreifen" (Gyllensvärd/Kaufmann 2013: 188). D.h. Es ermöglicht dem Kunden zwar zeitsparend und bequem von Zuhause zu bestellen allerdings wird die Variable Zeit nur verlagert und der Kunde muss die Zeit in das Ausfüllen von Fragebögen stecken als auch zwischendurch dem Kurator Rede und Antwort stehen.[26] Ebenfalls stehen die Produkte bei anderen Anbietern von Kurationsdiensten im Vordergrund und nicht der Kurator wie bei Kleidungsdiensten.

Ebenfalls ist die von Paul Eisewicht herausgestellte Tendenz zu beobachten, dass Warenhäuser darauf reagieren, dass Curated Shopping Angebote zunehmend wahrgenommen werden. So findet sich im Online Bereich bspw. Bei Zalando nicht nur Zalon als Curated Shopping Dienst sondern auch ein weiterer Hinweis zu passenden Produkten, wenn man sich bei einem bestimmten Produkt aufhält (bspw. Auf der Seite mit einer Tasche wird man am Rand noch als Ergänzungen die passende Schluppenbluse und die passende Hose mit Schuhen zu sehen bekommen). So versuchen andere Onlineanbieter mit der Konkurrenz und neuen innovtiven Modellen mitzuhalten. Dies bezeichnet Eisewicht in Anlehnung an Anthony Giddens (1995: 54) als reflexive Mediatisierung. Mit Giddens (1995: 54) ergibt sich ein weiteres Folgeproblem daraus, dass die mögliche Lösung (also das Kuratieren) wieder Folgeprobleme mit sich bringt und damit ‚soziale Praktiken' (das Kuratierte einkaufen) ständig im Hinblick auf einlaufende Informationen über ebendiese Praktiken überprüft und verbessert werden müssen und dadurch auch der Charakter des Einkaufens grundlegend verändert wird. D.h. also die Reflexivität des gegenseitigen Beobachtens und das damit einhergehende stetige Verändern des Phänomens.

26 Ebenfalls zeigte sich eine Tendenz der Abhängigkeit von der jeweiligen (Konsum)infrastruktur. Dem wäre als Frage nachzugehen. So zeigte sich, dass die Faulheit auch damit zusammenhängen kann, dass der Akteur weit von der Stadt entfernt wohnt als typischerweise idealen Einkaufsort.

6 Resümee und Ausblick

6.1 Forschung & Methode

Die Forschungsarbeit beinhaltet vier Interviews mit Nutzern von Curated Shopping Diensten als auch eigens erhobene Daten, die mittels Forschungstagebüchern und Protokollen festgehalten wurden. Alle Daten wurden mit der Grounded Theory Methodology ausgewertet. Dabei erwies sich der Leitfaden als sinnvoll und präzise, jedoch ist reflektierend zu sagen, dass noch spezifischer bestimmte Inhalte hätten erfragt werden sollten. Dahingehend kann man ausblickend den Leitfaden modifizieren. Mitunter meint dies insbesondere präziser nach Vorstellungen von Stil und Geschmack zu fragen, was damit gemeint ist, welche Assoziationen damit aufgerufen werden, aber auch wann eingekauft wurde mit welchen Motiven (um die latente ‚Leerstelle' noch präziser herauszuarbeiten).

Grundlegend kann ebenfalls gesagt werden, dass ein offener Leitfaden gut war um den Interviewenden die nötige Freiheit zu geben ihre Relevanzen selbst zu setzen und damit eigene Schwerpunkte hervorzuheben. Allerdings ist die Anzahl der Interviews noch zu gering um wirklich eindeutige Aussagen treffen zu können und dem Kriterium der theoretischen Sättigung (Mey/Mruck 2009) genügen. Mit den beschriebenen Erkenntnissen, die komplexitätsreduzierend auch in einen Typenvorschlag eingegangen sind, liegen erste Anhaltspunkte vor, die richtungsweisend für weitere Forschungsbemühungen sein können. Dieses könnten mit der Grounded Theory Methodology realisiert werden, die als Forschungsprogramm sicher sinnvoll ist, da sie eben keine Daten ausschließt, große Freiheiten im Forschungsprozess gewährt und stark datenverankerte Theorien zu generieren ermöglicht.

6.2 Wie geht es weiter?

Zusammenfassend und mit Blick auf den derzeitigen Forschungsstand lässt sich zeigen, dass das Phänomen Curated Shopping bislang noch unzureichend beleuchtet wurde und sich eine Reihe interessanter Lücken zeigten. Diese Lücken können von Anbieter- oder Konsumentenseite mit unterschiedlichen Blickwinkeln unter die Lupe genommen werden. Aufgrund der Forschungsdesiderate zur zunehmenden Verflechtung von Anbieter- und Konsumentenhandeln lassen sich weitere Orientierungspunkte für *methodische Fragen* identifizieren. Die Geschwindigkeit der technischen Entwicklung und der daraus resultierenden Dynamik von Konsumangeboten und Märkten verändert sich stetig und machen andere Methoden erforderlich.

Dabei bietet sich a) generell ein explorativ-interpretatives Vorgehen an (vgl. Keller 2016). Für den Online-Handel und das Online-Shopping erscheint es b) notwendig, für die Rekonstruktion der reflexiven Bezugnahme und der Verläufe der Angebotsentwicklung und Nutzung (als Trajektorien vgl. Grenz 2017) beide Perspektiven, die der Anbieter wie auch die der Konsumenten, zu rekonstruieren. In Hinblick auf die Anbieterorganisationen und das wirtschaftliche Handeln im Unternehmen ist es dabei c) erforderlich, nicht nur die Außendarstellung der Produktinszenierung zu betrachten, sondern auch das unternehmerische Handeln und die Erstellung der Beratungsleistung in der Anbieterorganisation möglichst ‚nah' zu erheben (vgl. Laurilla 1997). Dies würde eine Ergänzung zur Nutzung des Angebotes, was in dieser vorliegenden Arbeit behandelt wurde, darstellen. Gilt es zudem, kuratiertes Einkaufen online hinsichtlich seiner Eigenheiten zu erfassen, muss dieses e) in Kontrast zur Nutzung von Beratungsangeboten im Einzelhandel betrachtet werden, dies wurde hier nur in Ansätzen besprochen und kann noch weiter ausgeführt werden.

Das anbieterseitige Handeln lässt sich schließlich in Rahmen dessen mit einem ethnographischen Programm beleuchten, das über die Außendarstellung eines Unternehmens hinausgeht. Dabei bestehen die Vorteile in einer langfristigen Beobachtung eines Falles der Flexibilität in den Möglichkeiten und Methoden zur Datenerhebung zulässt. Mitunter lassen sich dabei auch die technische Rahmung der Beratung und Präsentation ansehen bspw. durch algorithmische Berechnungen; digitale Kommunikationsformate als auch das Geschäftsmodell. Mitunter bietet sich auch eine Dokumentenanalyse an bspw. von Werbenachrichten als auch Werbeauftritten auf Webseiten oder Pressemitteilungen, um die Anbieterseite zu rekonstruieren.

Nicht zu unterschätzen sind ebenfalls quantitative Methoden zur Eingrenzung. Diese können mitunter erste Orientierungen liefern. Beispielsweise wäre eine quantitative Befragung zu den qualitativen Interviews sinnvoll, um einschätzen zu können, um wie viele Nutzer es sich handelt und wer was genau nutzt. Davon ableitend könnte man den qualitativen Fragebogen weiter und spezifischer ausführen.

Hinsichtlich der theoretischen Rückbindung lassen sich die Ergebnisse nochmals anders betrachten. Jennifer Eickelmann (2017) bietet eine Konzeptualisierung des Spannungsverhältnisses zwischen Realität und Virtualität. Insbesondere die Forschungsarbeiten von Stefan Laube im Bereich der Techno-Sozialen Interaktion scheinen mir hier ebenfalls anknüpfungs- und zukunftsweisend.

Nicht zuletzt lässt sich das zuletzt viel diskutierte Buch von Andreas Reckwitz „Die Gesellschaft der Singularitäten" (2018) hinzunehmen, um es dem Curated Shopping Phänomen gegengegenüberzustellen. Mit diesem Werk stellt Reckwitz eine Theorie der Moderne auf, in der er beschreibt, dass die authentischen Subjekte nach originellen Interessen, Produkten und kuratierten Biografien streben (Vgl. Reckwitz 2018: 7 ff.). Mit den vorliegenden Ergebnissen der Arbeit zeigte sich, dass die Anbieter mit besonderen und kuratierten Produkten werben, es dem Akteur allerdings um das Gegenteil geht: Es bleibt zu prüfen ob die spätmoderne Feier des Singulären (Vgl. ebd.) nicht nur eine (theoretische) Party ist nach der kollektiv alle wieder zu den Angemessenheiten des Alltags übergehen.

7 Literatur-/ Bilderverzeichnis

Anderson, C. (2010): The Long Tail. How Endless Choice is Creating Unlimited Demand. London.

Barbarabox.de (2018): https://www.barbara-box.de (28.6.2018).

Beck, K. (2006): Computervermittelte Kommunikation im Internet. Oldenburg.

Beck, U. (1994): *Jenseits von Stand und Klasse.* In: ders./Beck-Gernsheim, E. (Hrsg.): *Riskante Freiheiten.* 43–60. Berlin.

Beck, U./Giddens, A./Lesh, S. (1996): *Reflexive Modernisierung.* Berlin.

Belk, R. W. (1988): Possessions and the Extended Self. In: Journal of Consumer Research 15/2: 139–168.

BEVH/GIM (2017): *Interaktiver Handel in Deutschland.* Ergebnisse 2015: https://www.bevh.org/uploads/media/Auszug_u._besondere_Charts_der_bevh-Studie_Interaktiver_Handel_in_Deutschland_2015.pdf. (28.6.2018).

Beyer, H. und Holzblatt, K. (1997): Contextual Design: Defining Customer-Centered Systems. San Francisco.

Beyreuther, T./ Duske, K./ Eismann, C./ Hornung, S./ Kleemann, F. (2012): *Consumers @ work.* Frankfurt a.M..

Bitkom (2017): *E-Commerce – Privatpersonen (Einkäufe):* https://www.bitkom.org/Markt daten/Konsum-Nutzungsverhalten/E-Commerce-E-Banking/index.jsp. (29.6.2018).

Blättel-Mink, B./Hellmann, K.-U. (Hrsg.) (2010): *Prosumer Revisited.* Wiesbaden.

Blumers, H. (1954): *What is Wrong with Social Theory?* In: *American Sociological Review,* 19.1954, Heft 1: 3 – 10.

Boes, A./Pfeiffer, S. und Schmiede, R. (2006): *Informatisierung der Arbeit.* In: Baukrowitz, A./Berker, T./Boes, A./Pfeiffer, S./Schmiede, R. und Will, M. (Hrsg.): I*nformatisierung der Arbeit.* Berlin: 493–515.

Brill, A./Vries, M. de (Hrsg.)(1998): *Virtuelle Wirtschaft.* Opladen.

Dunkel, W./Kleemann, F. (Hrsg.) (2013): *Customers at Work.* Basingstoke.

ECC Köln/IFH Köln (2015): *Curated Shopping:* http://www.ifhkoeln.de/blog/details/curated-shopping-jeder-vierte-online-shopper-hat-interesse/. (28.6.2018).

Eickelmann, J. (2017): „Hate Speech" und Verletzbarkeit im digitalen Zeitalter. Phänomene mediatisierter Missachtung aus Perspektive der Gender Media Studies. Bielefeld.

Eisewicht, P. (2014): Amazon, Zalando und Co. In: Grenz, T./Möll, G. (Hrsg.): *Unter Mediatisierungsdruck.* Wiesbaden: 71 – 98.

Eisewicht, P. (2015): *Die Kunst des Reklamierens.* Wiesbaden.

Eisewicht, P. (2017): *Schöne neue Warenwelt!?* In: Pfadenhauer, M./Grenz, T.: *De-Mediatisierung.* Wiesbaden.

Flam, H. (2000): The emotional "man" and the problem of collective action. Frankfurt am Main.

Flick, U. (2007): Handbuch qualitative Sozialforschung: Grundlagen, Konzepte, Methoden und Anwendungen. Weinheim.

Foodist.de (2018): https://www.foodist.de/abo-boxen (26.6.2018).

Fourastié, J. (1954): Die große Hoffnung des 20. Jahrhunderts. Köln.

Gabriel, Y./Lang, T. (2015): *The Unmanageable Consumer.* Los Angeles (u.a.).

GfK (2015): *Einzelhandel in Europa:* https://www.gfk.com/insights/press-release/studie-einzelhandel-europa-2015/ (28.6.2018).

GfK/ Outfittery (2015): *GFK Studie Curated Shopping. Jeder dritte User möchte künftig personal shopping nutzen:* https://www.outfittery.de/approved/1_website/press/press-releases/de/151005_gfk-studie_curated-shopping_jeder-dritte-online-user-mochte-kunftig-personal-shopping-nutzen.pdf (28.6.2018).

Giddens, A. (1995): *Konsequenzen der Moderne.* Berlin.

Giesberg, G. (2009): *Das letzte große Buch des Konsums.* http://www.faz.net/aktuell/ wirtschaft/unternehmen/quelle-katalog-das-letzte-grosse-buch-des-konsums-1815030.html (4.7.2018).

Glossybox (2018): https://www.glossybox.de/info/uber-uns.list (28.6.2018).

Grenz, T. (2016): *Trajektorien rekonstruieren – am Beispiel „In-App-Purchase-Hack"*. In: Hitzler, R./Burzan, N./Kirschner, H. (Hrsg.): Materiale Analysen. Wiesbaden: 289–304.

Grenz, T./Pfadenhauer, M. (2017): *De-Mediatisierung*. Wiesbaden.

Gross, P. (1994): Die Multioptionsgesellschaft. Berlin.

gruenderszene.de (2018): Unternehmen Outfittery. https://www.gruenderszene.de/datenbank /unternehmen/outfittery (26.6.2018).

Gutek, B. A./ Bennett, C./ Bhappu, A. D./ Schneider, S. und Woolf, L. (2000): *Features of Service Relationships and Encounters*. In: Work and Occupations 27/3: 319–351.

Gyllensvärd, D./Kaufmann, S. (2013): *Curated Shopping als Alternative zu ePace getriebenen Category-Killer-Konzepten*. In: Hrsg. Heinemann, G./ Haug, K./ Gehrckens, M. und group (Hrsg): *Digitalisierung des Handels mit ePace:* 187– 200. Wiesbaden.

HDE/GfK (2016): *Handel digital. Online-Monitor 2016:* http://www.einzelhandel.de/online-monitor. Zugegriffen: 15.02.2017. Berlin.

Helfferich, C. (2005): *Die Qualität qualitativer Daten*. Wiesbaden.

Hellmann, K.-U. (2010): *Konsumsoziologie*. In: Kneer, G. und Schroer, M. (Hrsg.): *Handbuch Spezielle Soziologien*. 179–195. Wiesbaden.

Hellofresh.de (2018): Hauptseite. https://www.hellofresh.de (28.6.2018).

Hippner, H./ Leber, M./Wilde, K. D. (2004): *Kundeninformation als Basis des CRM*. In: Hippner, H./Wilde, K. D. (Hrsg.): IT Systeme im CRM. Wiesbaden.

Hirschauer, S. (2001): Ethnographisches Schreiben und die Schweigsamkeit des Sozialen. In: Zeitschrift für Soziologie 30: 429–451.

Hitzler, R./Eisewicht, P. (2016): Lebensweltanalytische Ethnographie – im Anschluss an Anne Honer. Weinheim & Basel.

Hopf, C.(2000): *Qualitative Interviews – ein Überblick*. In: Flick, U./v. Kardorff, E./Steinke, I. (Hg.): *Qualitative Sozialforschung*. 349–359. Reinbek.

Huang, W.-Y./Schrank, H. und Dubinski, A. J. (2004): *Effect of Brand Name on Consumers' Risk Perceptions of Online Shopping*. In: Journal of Consumer Behaviour 4/1: 40–50.

IHK (2016): Situation des Einzelhandels 2016. Chemnitz.

Ilouz, E. (2003): Der Konsum der Romantik. Liebe und kulturelle Widersprüche des Kapitalismus. Berlin.

Inglehardt, R. (1977): The Silent Revolution. Changing Values and Political Styles Among Western Publics. New Jersey.

Instylebox.de (2018): Hauptseite. https://www.box.instyle.de/control/box (28.6.2018).

Jürgens, U./Meissner, H.-R./Renneke, L./Sablowski, T. und Teipen, C. (2003): *Paradigmenkonkurrenz der Industriegovernance zwischen neuer und alter Ökonomie.* In: Industrielle Beziehungen 10/3: 393–417.

Keller, R. (2016): *Interpretatives Paradigma.* Wiesbaden.

Kirchner, S. (2015): Konturen der digitalen Arbeitswelt. In: Kölner Zeitschrift für Soziologie und Sozialpsychologie 67(4): 763–791.

Kirchner, S./Beyer, J. (2016): Die Plattformlogik als digitale Marktordnung. In: Zeitschrift für Soziologie 45/5: 324–349.

Koch, W./Frees, B. (2016): Dynamische Entwicklung bei mobiler Internetnutzung sowie Audios und Videos. In: Media Perspektiven 9/2016: 418–437.

Kron, T./Winter, L. (2009): *Aktuelle soziologische Akteurtheorien.* In: Kneer, G./Schroer, M. (Hg.): *Handbuch soziologische Theorien.* Wiesbaden: 41–66.

Kucuk, S. U. (2008): Negative Double Jeopardy: The Role of Anti-Brand Sites on the Internet. In: Journal of Brand Management, Vol. 15(3): 209–222.

Lamla, J. (2007): *Konsumpraktiken in der virtuellen Alltagsökonomie.* In: Buber, R./Holzmüller, H. H. (Hrsg.): *Qualitative Marktforschung.* Wiesbaden. S. 779–803.

Laube, S. (2016): *Nervöse Märkte.* Oldenbourg.

Laurilla, J. (1997): Promoting Research Access and Informant Rapport in Corporate Settings. In: Scandinavian Journal of Management 13/4: 304–418.

Legewie, H./Schervier-Legewie, B. (2004). Forschung ist harte Arbeit, es ist immer ein Stück Leiden damit verbunden. Deshalb muss es auf der anderen Seite Spaß machen. Anselm Strauss im Interview mit Heiner Legewie und Barbara Schervier-Legewie [90 Absätze]. Forum Qualitative Sozialforschung/Forum: Qualitative Social Research, 5(3), Art. 22, http://nbn-resolving.de/urn:nbn:de:0114-fqs0403222.

Luckmann, T. (2006): Lebenswelt, Identität und Gesellschaft: Schriften zur Wissens- und Protosoziologie (Erfahrung – Wissen – Imagination). Konstanz.

Mannheim, K. (1964): *Beiträge zur Theorie der Weltanschauungs-Interpretation. In: Mannheim, Karl: Wissenssoziologie.* 1964 [1921–22]: 91–154. Luchterhand, Neuwied

Mead G.H. (1934): *Mind, Self and Society.* Chicago.

Mellet, K./Beauvisage, T./Beuscart, J.-S. und Trespeuch, M. (2014): *A "Democratization" of Markets.* In: *Valuation Studies* 2/1: 5–41.

Mey, G./Mruck, K. (2009): *Grounded Theory Reader.* Wiesbaden.

Mey, G/Mruck, K. (2009): Der Beitrag qualitativer Methodologie und Methodik zur Marktforschung. In: Buber, R.; Holzmüller, H.H.: Qualitative Marktforschung. Konzepte – Methoden – Analysen. 21–45. Wiesbaden.

Modomoto.de (2018): Hauptseite. https://www.modomoto.de (28.06.2018).

Möhlenbruch, D./Georgi, J. und Kohlmann, A. (2016): *Curated Shopping als serviceorientiertes Geschäftsmodell.* In: Bruhn, M. und Hadwich, K. (Hrsg.): *Servicetransformation.* Wiesbaden.

Mymuesli (2018): Hauptseite. https://www.mymuesli.com/mixer/ (28.6.2018).

Obrist, H.-U. (2011): *To Curate.* In: Brockman, John (Hrsg.): *This Will Make You Smarter.* 118–119. London.

Piller, F. T./Tseng, M. (2010): Handbook of Research in Mass Customization and Personalization. Singapore.

Plessner, Helmuth (2003): Conditio Humana. Gesammelte Schriften VIII. Frankfurt a.M.

Quiring, O./Schweiger, W. (2006): Interaktivität – Ten Years After. In: Medien und Kommunikationswissenschaft 54/1: 5–24.

Reichelt, J. (2013): Informationssuche und Online Word-Of Mouth. Wiesbaden.

Reichertz, J. (2016): Qualitative und interpretative Sozialforschung. Wiesbaden.

Ritzer, G. (1996): *The McDonaldization of Society.* San Francisco.

Rosa, H. (2005): *Beschleunigung.* Frankfurt.

Rosenberg, R. S. (2004): *The Social Impact of Computers.* Third Edition. Saint Diego.

Rosenthal, G. (2011*): Interpretative Sozialforschung.* 3. Auflage. Weinheim.

Schimank, U. (2000): Handeln und Strukturen. Einführung in eine akteurtheoretische Soziologie. Bremen.

Schnettler; B. (2007): Thomas Luckmann. (Klassiker der Wissenssoziologie). Bayreuth.

Skinbiotic (2018): Hauptseite. https://de.skinbiotic.com/products/mix-match/line/1030 (28.6.2018).

Spector, R. (2005): *Category Killers.* Boston.

Statista (2016a): *Internetnutzung in Deutschland.* Statista-Dossier: https://de.statista.com/

themen/2033/internetnutzung-in-deutschland/. Zugegriffen: 15.2.2017. Hamburg.

Statista (2016b): *E-Commerce in Deutschland.* Statista-Dossier: https://de.statista.com/statistik /studie/id/6387/dokument/e-commerce-statista-dossier/. (28.6.2018). Hamburg.

Statista (2016c): *Die Top 10 Online-Shops in Deutschland.* https://de.statista.com/infografik /642/top-10-online-shops-in-deutschland-nach-umsatz/. (28.6.2018).Hamburg.

Statista (2017a): Umsatz im Versand- und Internet-Einzelhandel in Deutschland von 2008 bis 2013 und Prognose bis zum Jahr 2020 (in Millionen Euro): https://de.statista.com/prognosen/ 400447/versand--und-internet-einzelhandel-in-deutschland---umsatzprognose. (28.6.2018). Berlin.

Statista (2018): *Wie häufig kaufen Sie online ein?* https://de.statista.com/statistik/daten /studie/800752/umfrage/haeufigkeit-des-online-shoppings-in-deutschland/ (28.6.2018).

Stone, K. E. (1995): *Competing with the discount mass merchandisers:* http://www2.econ.iastate.edu/faculty/stone/1995_IA_WM_Study.pdf . (28.6.2018).Iowa.

Strauss, A. L. (1998): Grundlagen qualitativer Sozialforschung. München.

Strauss, A./Corbin, J. (1990): *Basics of Qualitative Research.* London.

Strübing, J. (2008): Grounded Theory. Zur sozialtheoretischen und epistemologischen Fundierung des Verfahrens der empirisch begründeten Theoriebildung. Wiesbaden.

Sugarshape.de (2018): Hauptseite. https://www.sugarshape.de/vib-box/ (28.6.2018).

Toffler, A. (1970): *Future Shock.* New York.

Veblen, T. (1899): The Theory of the Leisure Class. An Oeconimic Study of Institutions. New York.

Von Hippel, E. (2005): *Democratizing Innovation.* Cambridge.

Weber, M. (1922): Wirtschaft und Gesellschaft. Grundriss der verstehenden Soziologie. Frankfurt a.M.

Weichrich, M./Dunkel, W. (2003): Abstimmungsprobleme in Dienstleistungsbeziehungen. Ein handlungstheoretischer Zugang. In: Kölner Zeitschrift für Soziologie und Sozialpsychologie, Jg. 55. Heft 4, 758–781.

Wiswede, G. (2000): Konsumsoziologie. Eine vergessene Disziplin. In: Rosenkranz, D.; Schneider, N.F.: Konsum. Soziologische, ökonomische und psychologische Perspektiven. 23–72. Wiesbaden.

Würtz, S./Eckert, R. (1998): Aspekte modischer Kommunikation. In: Willems, H.; Jurga, M. Inszenierungsgesellschaft. Ein einführendes Handbuch. 177–190. Wiesbaden.

Zalando.de (2018): Hauptseite. https://www.zalando.de/damenbekleidung-kleider/ (6.7.2018).

Zalon.de (2018): Hauptseite. http://zalon.de (28.06.2018).

Abb.	Titel	URL/Quelle
#1	Konsumprozess	(Eigene Darstellung in Anlehnung an Wiswede, G. 2000: 24).
#2	SPSS Methode	Eigene Darstellung 2017.
#3	Screenshot: Leitfaden Ausschnitt	Eigene Darstellung 2017.
#4	Kodierparadigma nach Strauss/Strubing	Strauss, A. & Strübing 2008: 28.
#5	Kodierparadigma : CS als ganzheitlicher Prozess der Kundenbegleitung und Entlastung	Eigene Darstellung 2018.
#6	Screenshot: Zalon Profilmaske	https://www.zalon.de/stylists (28.6.2018).
#7	Screenshot: Pinterest Profil der Kuratorin	https://de.pinterest.com/elisarstayl/ (28.6.2018).

#8	Screenshot: Outfittery Kuratorinnen Mail	Eigene Quelle.
#9	Zalon Outfit	Eigene Quelle 2018.
#10	Feedbackabfrage Outfittery	Eigene Quelle 2018.
#11	Email von Outfittery	Eigene Quelle 2018.
#12	Kodierparadigma	Eigene Darstellung 2018.
#13	Typisierung der Nutzer	Eigene Darstellung 2018.
#14	Ausgangsmodell von Weihrich & Dunkel	Weichrich, M. und Dunkel, W. Abstimmungsprobleme in Dienstleistungsbeziehungen. Ein handlungstheoretischer Zugang. Kölner Zeitschrift für Soziologie und Sozialpsychologie, Jg. 55. Heft 4, 2003, S. 758–781: 764.

Zeitfracht Medien GmbH
Ferdinand-Jühlke-Straße 7
99095 Erfurt, Deutschland
produktsicherheit@kolibri360.de